deutsch.kompetent 5
Sprachförderheft

Erarbeitet von:
Sabine Utheß

Ernst Klett Verlag
Stuttgart · Leipzig

Inhalt

1 Ich – du – wir

- Verbformen auf –*t* und –*st* richtig schreiben ... 4
- Zeitformen des Verbs verwenden: Präsens, Perfekt und Präteritum ... 5
- Wortfelder nutzen, Verben mit Präpositionen üben ... 6
- Den Inhalt eines Textes erschließen und zusammenfassen ... 7

2 Jetzt verstehe ich dich!

- Satzarten erkennen und Satzzeichen richtig setzen ... 8
- Befehlsformen verwenden, Aufforderungen, Bitten, Vorschläge, Ablehnungen formulieren ... 9
- Verben des Wunsches, des Zwanges, der Möglichkeit und Verben des Kommunizierens verwenden ... 10
- Produktiv mit einem Text umgehen, Ratschläge formulieren ... 11

3 Erlebt – erdacht – erzählt

- Ableiten als Rechtschreibhilfe einsetzen ... 12
- Zeitformen des Verbs verwenden: Plusquamperfekt, Präteritum ... 13
- Passende Verben und Adjektive verwenden ... 14
- Passende Verben und Adjektive verwenden ... 15

4 Okapi, Faultier & Co.

- Großschreibung von Substantiven/Nomen üben ... 16
- Substantive/Nomen erkennen ... 17
- Treffende Verben und Adjektive verwenden ... 18
- Inhalte von kurzen Texten in Überschriften wiedergeben ... 19

5 Tausend Worte – tausend Bilder

- *s*-Laute richtig schreiben ... 20
- *das* und *dass* unterscheiden ... 21
- Ausdrucksfehler vermeiden, Sätze vereinfachen ... 22
- Hauptaussagen eines Sachtextes erschließen und wiedergeben ... 23

6 Abenteuer – damals und heute

- *i*-Laute richtig schreiben ... 24
- Adjektive erkennen und bilden ... 25
- Sätze umformulieren ... 26
- Handlungsschritte eines literarischen Textes erkennen ... 27

7 Sommerhitze – Flockenwirbel

- Wörter mit *z/tz* und *k/ck* richtig schreiben ... 28
- Subjekt und Prädikat erkennen ... 29
- Ausdrucksfehler erkennen, Reimwörter finden ... 30
- Inhalt und Reimschema von Gedichten erkennen ... 31

8 Freche Typen

- Wörter mit *f*-Laut richtig schreiben ... 32
- Personalpronomen erkennen und verwenden ... 33
- Redewendungen verstehen, wörtliche Rede umformulieren ... 34
- Einen literarischen Text schrittweise erschließen ... 35

9 Genial medial

- Großschreibung bei Substantivierung/Nominalisierung üben ... 36
- Substantive/Nomen der *n*-Deklination verwenden ... 37
- Meinungen formulieren ... 38
- Schlüsselwörter in einem Text markieren, Interviewfragen beantworten ... 39

10 Sprachakrobatik

- Mitsprechen als Rechtschreibhilfe anwenden ... 40
- Zusammengesetzte und abgeleitete Wörter bilden ... 41
- Wörter richtig bilden, die korrekte Wortstellung erkennen ... 42
- Ein Gedicht vortragen, Textinhalte detailliert erschließen ... 43

11 Segeln im Meer der Wörter

- Wörter mit Dehnungs-*h* richtig schreiben ... 44
- Den richtigen Kasus erkennen ... 45
- Redebegleitende Verben verwenden ... 46
- Einen Textinhalt verstehen und beurteilen ... 47

12 Wolkenkratzer und Pyramiden

- Rechtschreibstrategien anwenden ... 48
- Objekte und Adverbialbestimmungen erkennen ... 49
- Wertende Adjektive und Partizipien verwenden ... 50
- Das Wesentliche eines Textes erkennen ... 51

13 Feste feiern – feste feiern

- Wörter mit besonderer Schreibung üben ... 52
- In Satzgefügen Haupt- und Nebensätze erkennen ... 53
- Den schriftlichen Ausdruck verbessern ... 54
- Unterschiedliche Meinungen erfassen und wiedergeben ... 55

14 Auf die Plätze, fertig, los ...

- Fremdwörter richtig schreiben ... 56
- Fremdwörter nach ihrer Wortart unterscheiden ... 57
- Fremdwörter richtig verwenden ... 58
- Für Textabschnitte Überschriften formulieren ... 59

Anhang

- Tabellen, Konjunktion, Text- und Bildquellen ... 60

Rechtschreibung

1 Ich – du – wir

Verbformen auf *–t* und *–st* richtig schreiben

1. Woher kommen diese Schüler? Setze die Verbformen in die folgenden Texte ein und errate die Lösung am Ende. Ein Beispiel ist vorgegeben.

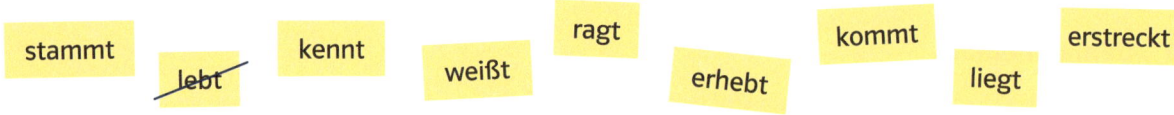

stammt · ~~lebt~~ · kennt · weißt · ragt · erhebt · kommt · liegt · erstreckt

Sultana _lebt_ seit fünf Jahren in Deutschland. Sie _____ aus einer Stadt, die ihr sicher _____ . Im Hafen dieser Stadt _____ sich die Freiheitsstatue, die 93 Meter in die Höhe _____ . _____ du, woher Sultana kommt? – Aus _____ .

Wladimir _____ aus dem größten Land der Erde. Dieses Land _____ sich über zwei Kontinente. Seine Hauptstadt befindet sich in Europa, während Wladimirs Geburtsstadt in Asien _____ .

Wladimir ist aus _____ .

2. 📰 Stelle Fragen an deine Mitschüler, indem du die Wortgruppen umformulierst. Ein Beispiel ist vorgegeben. Arbeite im Heft.

1. sich oft mit Freunden treffen

Triffst du dich oft mit Freunden?

2. gern Pizza essen
3. häufig ins Kino gehen
4. gern Abenteuerfilme sehen
5. gern Musik hören
6. häufig schwimmen gehen
7. gern Krimis lesen
8. gern in fremde Länder reisen
9. oft Karten spielen

> Achtung, **t-Signal** !
> Steht ein *t* am Ende einer Verbform, so bilde die Grundform, dann kannst du die Laute besser hören *(schreibt – schreiben, rennst – rennen).*

Grammatik

Zeitformen des Verbs verwenden: Präsens, Perfekt und Präteritum

1. Präsens oder Perfekt? Setze die richtigen Zeitformen in die Lücken ein. Ein Beispiel ist vorgegeben.

(leben) Seit einem Jahr __lebt__ Dalal in Deutschland.

(verlassen) Sie und ihre Eltern _____ ihr Heimatland Syrien _____.

(erfahren) Die Welt _____ wenig Genaues über die Ereignisse in Syrien.

(lassen) Die syrische Regierung _____ keine ausländischen Journalisten ins Land.

2. Präsens oder Präteritum? Setze die richtigen Zeitformen in die Lücken ein.

Karen Sato, 12 Jahre, lebte bis vor Kurzem in Japan, und zwar in der Gegend, die erst von einem Erdbeben, dann von einem Tsunami verwüstet wurde. Karen berichtet:

Ich _____ (sein) gerade in der Schule, wir _____ (haben) Musikunterricht. Plötzlich _____ (beginnen) die Erde zu beben.

In Japan _____ (sein) Erdbeben keine Seltenheit, deshalb _____ (üben) wir im Unterricht regelmäßig, wie wir uns verhalten müssen.

Wir _____ (sollen) unter die Tische kriechen, damit uns Mauerteile nicht verletzen können.

So _____ (tun) wir es auch am 11. März.

Als das Beben endlich vorbei war, _____ (laufen) wir ins Freie.

Ausdruck und Wortschatz

1 Ich – du – wir

Wortfelder nutzen, Verben mit Präpositionen üben

1. Lena stellt sich ihren Mitschülern vor. Ihr Text enthält vier Ausdrucksfehler. Markiere und berichtige sie.

Ich begeistere mich sehr über Pferde. Das Reiten spielt in meinem Leben eine große Bedeutung. Ich bin auch regelrecht dreimal in der Woche im Stall. Später möchte ich einen Beruf erlangen, der etwas mit Pferden zu tun hat.

2. Überarbeite die Texte von Murat und Lisa so, dass Wiederholungen vermieden werden. Du kannst die Vorgaben nutzen. Arbeite im Heft.

Ich gehe gern mit Freunden schwimmen. Auch Fußball spiele ich gern. Auch mit dem Skateboard fahre ich gern. Zu Hause spiele ich auch gern am Computer.

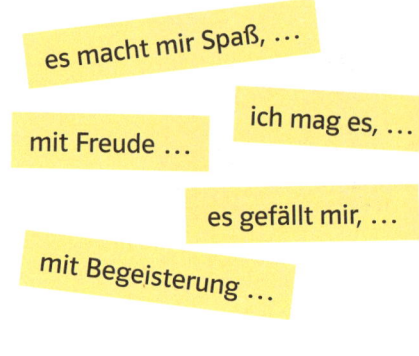

es macht mir Spaß, …
ich mag es, …
mit Freude …
es gefällt mir, …
mit Begeisterung …

Ich treffe mich oft mit Freunden. Wir gehen dann oft zusammen ins Kino. Oft sind wir aber auch mit dem Fahrrad unterwegs. Wenn schlechtes Wetter ist, lese ich oft oder höre Musik.

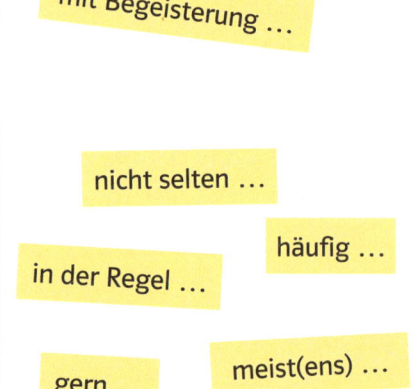

nicht selten …
häufig …
in der Regel …
gern …
meist(ens) …

Den Inhalt eines Textes erschließen und zusammenfassen

1. Lies das folgende Interview. Teile den Text in vier Abschnitte ein und formuliere zu jedem Abschnitt einen Satz, der den wesentlichen Inhalt wiedergibt. Schreibe die Überschriften im Heft.

Der falsche Praktikant

Timo Böhnke ist elf Jahre alt und Schüler aus Pforzheim. In einer Zoohandlung hatte er Wüstenrennmäuse gesehen, die er unbedingt haben wollte. Er brauchte also Geld. Und wer Geld braucht, muss arbeiten, dachte Timo.

Wo wolltest du arbeiten?
Timo: In einer Bäckerei, als Praktikant.

Ging das denn? Du bist erst elf Jahre alt.
Timo: Ich habe am Telefon behauptet, ich wäre schon 14. Und in der 30. Bäckerei, die ich angerufen habe, hatte ich Glück. Die Frau sagte aber, ich solle noch die Chefin fragen. Die sagte, ich müsse eine Bewerbung schicken. Das wollte ich aber nicht, und deshalb habe ich der Frau in der Bäckerei einfach gesagt, die wäre einverstanden. Ich bin sofort mit dem Bus in die Stadt gefahren.

Du hast also geschummelt?
Timo: Ja, aber das musste ich. Es hätte sonst nicht geklappt. So konnte ich arbeiten. Ich durfte Brezeln formen, sie backen und Kuchen und Brötchen ausgeben. Bis 18 Uhr.

Und dann?
Timo: Dann hat die Mitarbeiterin die Chefin angerufen und gefragt, was sie nun mit dem Praktikanten machen solle. Und die hat dann gefragt: Was für ein Praktikant denn? Sie wusste von keinem. Also hat sie die Polizei gerufen.

Und die ist gekommen?
Timo: Ja. Sie hat mich mitgenommen, meine Eltern mussten mich dort abholen. Die waren stinkig. Ich hatte Hausarrest und musste mein Handy abgeben.

Und hast du Geld bekommen für deine Arbeit?
Timo: Nein. Ein Praktikant verdient meistens nichts. Aber das wusste ich vorher nicht. Drei Euro Trinkgeld habe ich bekommen, das schon, nur die habe ich vor lauter Aufregung in der Bäckerei liegen lassen.

Trotzdem warst du am Ende erfolgreich.
Timo: Ja. Die Zeitung hat einen Artikel über mich geschrieben. Eine Familie aus Pforzheim schenkt mir jetzt Mäuse. Zwei Stück, Babys, sieben Wochen alt. Ich werde sie „Mario" und „Luigi" nennen, so, wie Mario und Luigi aus meinem Nintendo-Spiel. […]

2. Schreibe mithilfe deiner Sätze eine Zusammenfassung des Textes. Arbeite im Heft.

Rechtschreibung

2 Jetzt verstehe ich dich!

Satzarten erkennen und Satzzeichen richtig setzen

1. Nachdem der Lehrer auf der Klassenfahrt einen Zwischenhalt in Hamburg angekündigt hat, herrscht in der Klasse ein großes Stimmengewirr. Setze die richtigen Satzschlusszeichen. Ein Beispiel ist vorgegeben.

Wann treffen wir uns [?]

Wenn es doch schon so weit wäre [ ]

Ich nehme meinen MP3-Player mit [ ]

Hör doch auf, immer dazwischenzuquatschen [ ]

Schreibt euch das bitte auf [ ]

Was müssen wir mitnehmen [ ]

> **Aussagesätze (.)** verwendest du, wenn du etwas mitteilen willst.
> **Aufforderungssätze (!)** verwendest du, wenn du jemanden um etwas bittest oder zu etwas auffordern willst.
> **Ausrufesätze (!)** verwendest du, wenn du etwas besonders betonen willst.
> **Fragesätze (?)** verwendest du, wenn du etwas wissen willst.

2. Setze im folgenden Text die richtigen Satzzeichen bei der wörtlichen Rede. Ein Beispiel ist vorgegeben.

Manfred Mai: Eine schöne Geschichte (Auszug)

„Wer war das _?"_, wollte Herr Burger wissen. Er wartete eine Weile und schaute dabei jeden an. Als sich niemand meldete, sagte er __ Ihr habt bis zum Ende der Stunde Zeit. Wenn sich der oder die Täter bis dahin nicht melden, wisst ihr, was folgt __ Natürlich wussten wir das, und deshalb hätten die meisten am liebsten gesagt, wer es getan hatte. Doch keine Hand rührte
5 sich. Herr Burger wollte gerade mit dem Unterricht weitermachen, da meldete sich Heinz und sagte ganz laut __ Der Wilhelm war's. Ich hab's genau gesehen __ Mir gab es einen richtigen Stich. […] __ Stimmt das __ fragte Herr Burger in die Klasse? […]

Befehlsformen verwenden, Aufforderungen, Bitten, Vorschläge, Ablehnungen formulieren

1. Bitte deine Partnerin oder deinen Partner höflich,

  1. dir dein Heft zu geben. _Gib mir bitte mein Heft!_

  2. etwas deutlicher zu sprechen. _____

  3. den Text vorzulesen. _____

  4. den Zettel nicht wegzuwerfen. _____

  5. dir bei den Aufgaben zu helfen. _____

2. Formuliere Vorschläge gegenüber Freunden. Nutze die Vorgaben. Arbeite im Heft. Ein Beispiel ist vorgegeben.

- Wollen wir nicht …?
- Wie wäre es, wenn …?
- ~~Was haltet ihr davon, …~~
- Ich schlage vor, …
- Wir könnten doch …

1. morgen nach der Schule zum Baden gehen.

Was haltet ihr davon, morgen nach der Schule zum Baden zu gehen?

2. heute Nachmittag gemeinsam Mathe üben.
3. jetzt die Vorschläge für die Klassenfahrt besprechen.
4. zuerst Fußball zu spielen und dann das Computerspiel ausprobieren.
5. nächstes Wochenende gemeinsam ins Kino gehen.

3. Lehne die Vorschläge aus Aufgabe 2 ab. Denke dir Gründe aus. Du kannst die Vorgaben nutzen. Arbeite im Heft. Ein Beispiel ist vorgegeben.

- Gute Idee, aber …
- Dazu hätte ich schon Lust, doch …
- Schade, aber …

Gute Idee, aber morgen soll es regnen.

Ausdruck und Wortschatz

2 Jetzt verstehe ich dich!

Verben des Wunsches, des Zwanges, der Möglichkeit und Verben des Kommunizierens verwenden

1. Lies den Text von Johann Wolfgang Goethe und suche je ein Beispiel für die Beschreibungen in den letzten drei Versen.

Johann Wolfgang Goethe

Sollen, Wollen, Können – diese drei Dinge gehören in aller Kunst zusammen,
damit etwas gemacht werde. Häufig findet sich im Leben nur eins von diesen
dreien oder nur zwei, also
Sollen und Wollen, aber nicht können;
5 Sollen und Können, aber nicht wollen;
Wollen und Können, aber nicht sollen.
Das heißt, es will einer, was er soll, aber er kann's nicht machen;
es kann einer, was er soll, aber er will's nicht;
es will und kann einer, aber er weiß nicht, was er soll.

2. In den folgenden Sätzen stimmt etwas nicht. Markiere die fehlerhaft verwendeten Wörter und berichtige die Sätze. Ein Beispiel ist vorgegeben.

1. Sag mal, <mark>muss</mark> ich dich mal um einen Gefallen bitten?

Sag mal, darf ich dich mal um einen Gefallen bitten?

2. Darfst du mir vielleicht mal die Aufgabe erklären?

___

3. Muss ich das Fenster öffnen oder wird euch das zu kalt?

___

4. Ich darf mich heute beim Training entschuldigen, denn ich will dringend zum Zahnarzt.

___

5. Musst du lieber ins Kino oder zum Fußball gehen?

___

6. Sollst du mir bitte erklären, wie das funktioniert?

___

Umgang mit Texten

Produktiv mit einem Text umgehen, Ratschläge formulieren

1. In Marias Schule gibt es einen Sorgenbriefkasten. Hier schreiben Schülerinnen und Schüler über ihre schulischen Probleme und ihren persönlichen Kummer. Lies die beiden folgenden Briefe.

In meiner Klasse sind zwei Jungen, Axel und Rico, die immer bestimmen, was gemacht wird. Wir anderen mögen die beiden zwar nicht, aber keiner traut sich, etwas gegen sie zu sagen. Am allerschlimmsten ist es für Leon, der nur gehänselt und verspottet wird, am meisten im Sportunterricht. Keiner in der Klasse hat den Mut, ihm beizustehen. Auch ich habe Angst. Ich möchte aber Leon helfen. Was soll ich tun?

Maria

Ich schreibe diesen Brief, weil es mir in unserer Klasse nicht gut geht. Alle schließen mich aus, weil ich mit Abstand der beste Schüler bin. Niemand in unserer Klasse strengt sich so an wie ich. Als wir zum Beispiel neulich ein Kurzreferat halten sollten, habe ich 35 Minuten lang superspannend über den Urwald gesprochen. Mein Vater hatte mir tolles Material besorgt. Aber alle haben nur geschwatzt und gestört. Was kann ich machen?

Emil

2. Formuliere für Maria oder Emil mindestens fünf Empfehlungen. Du kannst die Vorgaben nutzen. Arbeite im Heft.

- Er/Sie sollte zunächst …
- Er/Sie dürfte nicht …
- Er/Sie müsste zuerst …
- Er/Sie könnte aber auch …
- Er/Sie muss in Zukunft unbdingt …

Rechtschreibung

3 Erlebt – erdacht – erzählt

Ableiten als Rechtschreibhilfe einsetzen

1. e oder ä , eu oder äu ?

Lies den folgenden Text und setze die richtigen Buchstaben ein. Es hilft dir, wenn du nach verwandten Wörtern suchst.

R__tselhaftes H__len

Seit vier N__chten schrecken die Teilnehmer eines F__rien-lagers auf der Insel Rügen aus dem Schlaf auf. Unheimliche Heulger__sche rauben ihnen die n__chtliche Ruhe. Alle r__tseln, wer der T__ter sein könnte. Ein gef__hrliches Tier, das schr__cklich h__lt? Der Wind, der durch die Bl__tter der B__me und Str__cher auf dem Gel__nde pfeift? Oder sind es __len, die im Dunkeln ihre B__te jagen? Alissa, die Gruppensprecherin, sammelte Vorschl__ge der Bewohner des Z__lt-platzes, wie man das Probl__m lösen könnte. Sie hat ein kleines Detektivteam aus fünf L__ten gebildet, das die geheimnisvollen Vorg__nge in der N__he des Lagers aufkl__ren soll.

2. b oder p , d oder t , g oder k ?

Setze die richtigen Buchstaben ein. Es hilft dir, wenn du die Wörter verlängerst. Manchmal musst du sie auch zuerst zerlegen.

Das Detektivteam setzt sich wie folgt zusammen:

Paul: 12 Jahre, Mitglie__ eines Han__ballvereins, Hobby: Musi__ hören und Radfahren

Nelly: 13 Jahre, steigt jeden Ber__ hinauf, joggt oft im Wal__, liebt außerdem Krimis

Florian: 14 Jahre, ein verrückter Ty__, dessen Wel__ das Win__ surfen ist

Kenan: 11 Jahre, ein unglau__lich erfol__reicher Leichtathle__

3. Schreibe den folgenden Text ab und unterstreiche alle Stellen, an denen das *t*-Signal (siehe Seite 4) auftritt. Arbeite im Heft.

Nach einigen Tagen sind die Ursachen für die nächtlichen Heulgeräusche noch nicht aufgedeckt. Alissa sagt: „Nachdem ich gestern den ganzen Tag überlegt hatte, kam mir jetzt endlich der rettende Gedanke: Lasst uns ab sofort Wachen von Mitternacht bis drei Uhr morgens aufstellen!"

Grammatik

Zeitformen des Verbs verwenden: Plusquamperfekt, Präteritum

1. Untersuche den Wachplan und überlege, ob es einen Zusammenhang mit den Heulgeräuschen gibt. Kannst du beweisen, wer der Inselschreck ist?

NACHT	PERSONEN	ORT/WACHE	HEULEN WÄHREND DER WACHZEIT	HEULEN AUSSERHALB DER WACHZEIT
1.	Alissa/Nelly	Bootswerft	1.15 Uhr Leuchtturm	
2.	Paul/Kenan	Leuchtturm	2.30 Uhr Kirche	
3.	Florian/Alissa	Kirche		3.30 Uhr Leuchtturm
4.	Paul/Nelly	Leuchtturm	2.00 Uhr Bootswerft	
5.	Kenan/Florian	Bootswerft		3.15 Uhr Kirche
6.	Paul/Nelly	Kirche	0.20 Uhr Leuchtturm	
7.	Kenan/Florian	Bootswerft		3.05 Uhr Kirche
8.	Alissa/Nelly	Leuchtturm	24.00 Uhr Kirche	

2. Nach acht Nächten gehen Alissa folgende Gedanken durch den Kopf. Ergänze in ihren Überlegungen die passenden Verbformen. Nutze dazu die Vorgaben.

Als Florian und ich in der dritten Nacht bei der Kirche Wache

_____, begann das Heulen gegen

3.30 Uhr am Leuchtturm.

Immer wenn Kenan und Florian zusammen an der Bootswerft

_____, ertönte das Heulgeräusch

kurz nach 3 Uhr an der Kirche.

Nachdem Paul und Nelly in der sechsten Nacht an der Kirche

_____, wachten sie durch das

Heulen am Leuchtturm auf. Auch in der letzten Nacht konnten

wir das Geheimnis nicht lüften, weil ich mich mit Nelly am

Leuchtturm _____.

Ist etwa der Inselschreck ein Mitglied unseres Detektivteams?

gewesen waren

gehalten hatten

eingenickt waren

versteckt hatte

3 Erlebt – erdacht – erzählt

Passende Verben und Adjektive verwenden

1. In der Regionalzeitung soll ein Artikel über die Ereignisse im Ferienlager erscheinen. Pauls Entwurf enthält einige Ausdrucksfehler. Markiere die acht fehlerhaft verwendeten Verben und ersetze sie durch passendere. Die Vorgaben helfen dir dabei.

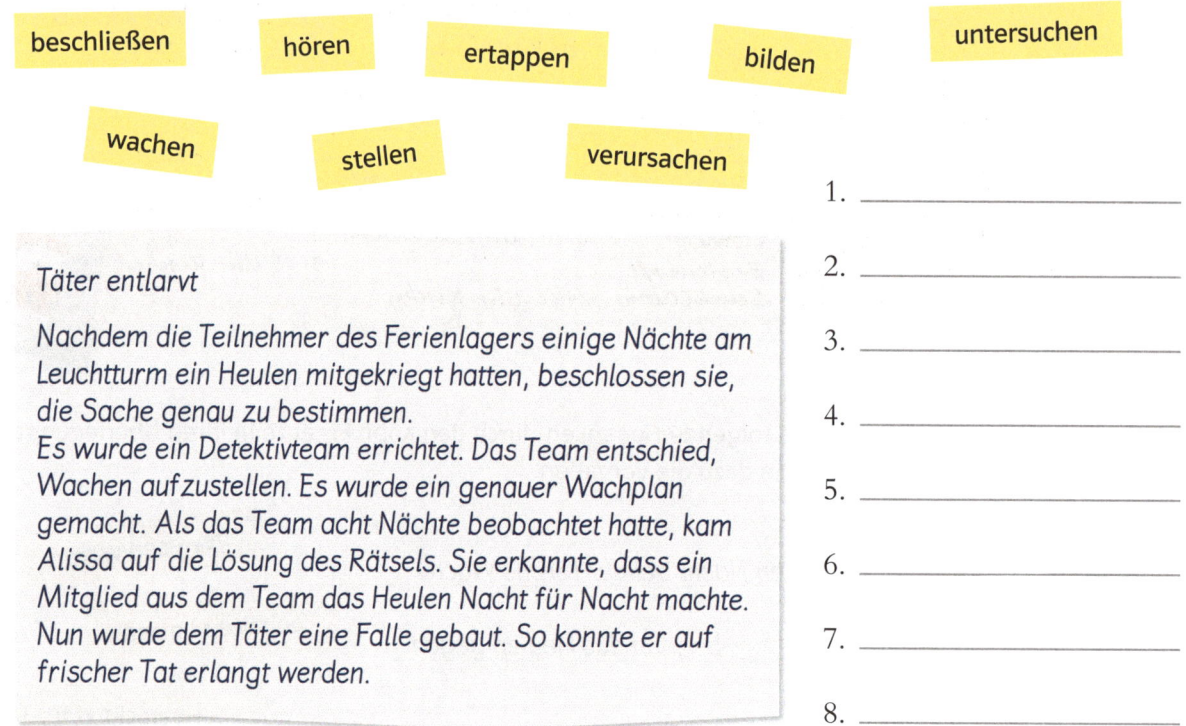

1. _____
2. _____
3. _____
4. _____
5. _____
6. _____
7. _____
8. _____

2. Ordne den folgenden Substantiven/Nomen passende Adjektive zu. Beachte die Ereignisse im Ferienlager. Du kannst die Vorgaben nutzen. Einige Beispiele sind vorgegeben.

1. Vorgänge _geheimnisvolle, aufregende, rätselhafte, ..._____

2. Heulgeräusche _____

3. Erlebnisse _____

Passende Verben und Adjektive verwenden

1. Die Kinder aus dem Ferienlager erzählen in ihren Briefen von dem aufregenden Erlebnis. Stell dir vor, du hättest die Vorgänge miterlebt. Schreibe einen Brief an einen Freund oder eine Freundin, in dem du erzählst, was geschehen ist. Stelle zunächst einen Erzählplan auf und notiere Stichworte.

Ausgangssituation:

_____

_____

Das Detektivteam und seine Tätigkeit:

_____

_____

Die Entlarvung des Täters:

_____

_____

_____

2. Auch Nelly hat einen Brief über die Erlebnisse im Ferienlager geschrieben. Überarbeite den Text so, dass man den Inhalt besser verstehen kann. Arbeite im Heft.

> *Stell dir vor, was hier geschehen ist, als ich hier im Ferienlager jede Nacht komische Geräusche hörte und wir die im Detektivteam, zu dem noch vier andere gehörten, aufklären wollten und ich mit noch jemandem Nachtwache hatte und wir den Täter überlistet haben, der aber gar kein echter Täter war, weil er von der Lagerleitung den Auftrag gekriegt hatte, uns zu erschrecken.*

3. Denke dir aus, wie die erste Nachtwache verlaufen sein könnte. Erzähle aus der Sicht eines Wächters. Arbeite im Heft.

4 Okapi, Faultier & Co.

Großschreibung von Substantiven/Nomen üben

1. In jedem der Texte sind drei Substantive/Nomen fälschlicherweise kleingeschrieben. Markiere und notiere sie im Heft. Vermerke auch, woran du das Substantiv/Nomen erkannt hast.

Faultiere bewohnen hauptsächlich die Baumkronen der Regenwälder von Mittel- und Südamerika. Der Mensch macht sich oft über die eigenartigen Säugetiere lustig. Hier sagen sie uns aber ihre Meinung.

Typisch Mensch!

Faultier – schon der Name, den man uns verpasst hat, ist eine frechheit! Klar, nach menschlichen Maßstäben ist jemand, der stundenlang rumhängt und gemütlich Blätter kaut, ein Müßiggänger. Aber bei uns steckt dahinter nicht etwa die Lust am Faulenzen, sondern eine strategie, um zu überleben. Weil wir uns so langsam und bedächtig bewegen, verbrauchen wir auch nur wenig Energie. Wir sind also energiesparer, und damit verhalten wir uns doch richtig klug.

Ein dickes Fell

Unser haarkleid ist struppig und verfilzt, und es beherbergt kleine Mitbewohner. Hier wachsen zum beispiel Algen, und auch Schmetterlinge fühlen sich zwischen den Haaren wohl. Das stört uns nicht: Die Algen lassen das Fell grünlich erblühen und verbessern sogar unsere tarnung.

Gefahr von oben

Über den baumkronen kreist unser ärgster Feind: die Harpyie, ein großer greifvogel. Wenn sie uns entdeckt, sind wir verloren, aber dank unserer Tarnung erwischt es häufig jemanden aus der lauten Affenhorde. Dabei sind das doch lauter flinke akrobaten! Da sieht man mal wieder, dass es sich lohnt, immer schön ruhig zu bleiben.

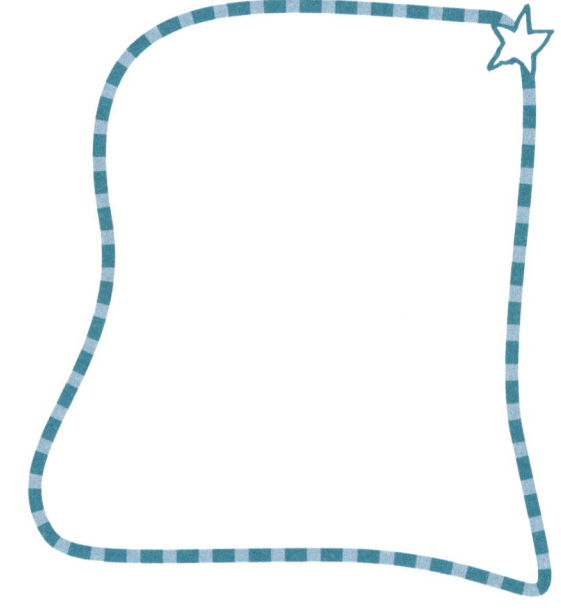

Substantive/Nomen erkennen

1. In den kurzen Texten auf Seite 16 sind sechs Substantive/Nomen unterstrichen. Trage diese in die folgende Tabelle ein. Ein Beispiel ist vorgegeben.

Singular			Plural
männlich (maskulin)	**weiblich** (feminin)	**sächlich** (neutral)	
der Name			die Namen

2. Lies das Gedicht. Schreibe es ab und achte dabei auf die Großschreibung von Satzanfängen und Substantiven/Nomen. Arbeite im Heft.

Mira Lobe: Deutsch ist schwer

deutsch ist schwer.
das kann ich beweisen,
bitte sehr!
herr maus heißt zum beispiel mäuserich,
5   herr laus aber keineswegs läuserich.
herr ziege heißt bock,
aber herr fliege nicht flock.
frau hahn heißt henne,
aber frau schwan nicht schwenne.
10 frau pferd heißt stute,
frau truthahn pute,
und vom schwein die frau heißt sau.
und die kleinen sind ferkel.
ob ich mir das merkel?
15 und herr kuh ist gar ein doppeltes tier,
heißt ochs oder stier,
und alle zusammen sind rinder.
aber die kinder sind kälber!
na, bitte sehr, sagt doch selber:
20 ist deutsch nicht schwer?

4 Okapi, Faultier & Co.

Treffende Verben und Adjektive verwenden

1. Suche abwechslungsreichere Formulierungen. Ein Beispiel ist vorgegeben.

Faultiere sind Säugetiere.	*Faultiere gehören zur Familie der Säugetiere.*
Die Körperlänge ist gut ein halber Meter.	
Das Körpergewicht ist etwa fünf Kilogramm.	
Das Fell ist dicht, struppig und verfilzt.	
Im Fell sind Algen und kleine Tiere.	

2. Ordne den folgenden Substantiven/Nomen passende Adjektive zu. Nutze auch die Vorgaben.

1. Fell

    _____

2. Körper

    _____

3. Augen

    _____

4. Ohren

    _____

klein langgestreckt gedrungen dicht glänzend kräftig struppig gestreift kurz groß seidig

3. Andrej hat das Faultier beschrieben. Sein Text enthält zwei Ausdrucksfehler. Markiere und berichtige sie. Dabei helfen dir die verschlüsselten Vorgaben.

> Faultiere leben ihr Leben, ohne sich groß anzustrengen. Meist hängen sie einfach nur ab. Diese Langsamkeit ist aber keine Faulheit, sondern ein sehr cleveres Erfolgskonzept. Das Faultier verbraucht durch seine langsamen Bewegungen eine Menge Energie.

sparen

verbringen

Inhalte von kurzen Texten in Überschriften wiedergeben

1. Wer hätte das gedacht? Lies die kurzen Texte, markiere in jedem Text den wichtigsten Satz und formuliere jeweils eine treffende Überschrift.

Mancher Reiter hat Angst, vom Pferd zu fallen. Bei der Stute Thumbelina aus St. Louis im US-Bundesstaat Missouri besteht die Gefahr allerdings eher darin, über das Pferd zu stolpern. Denn Thumbelina ist nur 44,5 Zentimeter hoch und steht damit als das kleinste Pferd der Welt im Guinnessbuch der Rekorde!

Messen Tiere ihre Kräfte, fahren sie meist Krallen und Zähne aus. Nicht so die Rennmäuse. Diese nehmen den Kampf um die Vormachtstellung in der Gruppe sportlich: Sie boxen. Dafür stellen sie sich auf die Hinterbeine und trommeln mit den Vorderpfoten aufeinander ein.

Goldfische werden normalerweise maximal 25 Jahre alt. Darüber kann Goldie aus dem englischen Bradninch nur müde blubbern. Mit seinen 45 Jahren hält er nämlich den Altersrekord der Goldfische. Ins Guinnessbuch der Rekorde hat er es jedoch nicht geschafft: Seine Besitzer konnten keine Geburtsurkunde vorlegen.

Rechtschreibung

5 Tausend Worte – tausend Bilder

s-Laute richtig schreiben

„Die Abenteuer des Tom Sawyer"

ist ein Roman des US-amerikanischen Schriftstellers Mark Twain. Das Buch erschien 1876 zugleich auch als deutsche Übersetzung.
Die Geschichte spielt in der Mitte des 19. Jahrhunderts am Ufer des Mississippi.
Der Waisenjunge Tom schwänzt gern die Schule, prügelt sich und treibt sich mit seinem besten Freund, dem obdachlosen Huckleberry Finn, herum …

1. Unterstreiche den Vokal vor dem *Doppel-s* oder *ß*:
blau für kurz gesprochenen und grün für lang gesprochenen Vokal.

Ende 2011 kam der deutsche Spielfilm „Tom Sawyer" in die Kinos. Tom wird von einem 14-Jährigen gespielt, der hei**ß**t Louis Hofmann. Damit Louis wie ein Junge aus dem 19. Jahrhundert aussah, mu**ss**te er sich die Nägel an Fingern und Zehen wachsen la**ss**en. Und er lief viel barfu**ß**.

2. Doppel-s oder ß ?

Lies die Episode mit Tom Sawyer und fülle die Lücken aus.

Weil Tom nach einer Prügelei mit zerri___enem Hemd heimkommt, mu___ er zur Strafe Tante Pollys Zaun wei___ streichen. Grä___lich, diese Arbeit! Aber Tom hat eine Idee: Jedes Mal, wenn ein Junge auf der Stra___e den Zaun pa___iert, fragt Tom, ob er wü___te, was das für eine Ehre sei, den Zaun streichen zu dürfen. Daraufhin bittet fast jeder, ihn auch ein bi___chen streichen zu la___en. So wird schlie___lich der Zaun vollständig gestrichen.

das und *dass* unterscheiden

1. *das* oder *dass*?

Das Wort *das* kannst du durch andere Wörter ersetzen. Das Wort *dass* kann nicht durch ein anderes Wort ersetzt werden. Führe diese „Ersatzprobe" leise bei den folgenden Sätzen durch.

Tom Sawyer hat vor über 150 Jahren, in einem Dorf am Mississippi gelebt. Dass Kinder wie Tom damals mit Schuhen herumliefen, das war eher selten. Deshalb war es notwendig, dass Louis beim Filmdreh oft barfuß war, auch bei Regenwetter. „Ein bisschen eklig war das schon", sagt Louis in einem Interview.

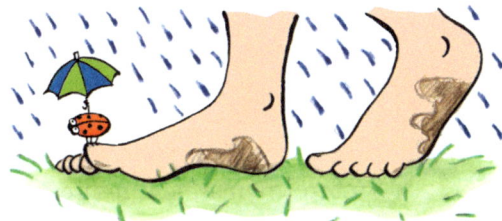

2. Forme die unterstrichenen Sätze in Sätze mit *dass* um. Arbeite im Heft. Ein Beispiel ist vorgegeben.

Eines Nachts schleichen Tom und Huckleberry auf den Friedhof. <u>Nur dort könne Tom seine Warze loswerden, behauptet Huckleberry.</u> Doch auf dem Friedhof beobachten sie ein schlimmes Verbrechen: Drei Männer buddeln einen Toten aus. Einer der Männer ist Indianer Joe, ein übler Typ. Er zückt plötzlich ein Messer und tötet einen der anderen Männer.
Tom und Huckleberry fliehen. <u>Später schwören sie sich, keinem etwas von der Geschichte zu erzählen.</u> <u>Doch bald kriegt Tom mit: Der Falsche ist wegen des Mordes angeklagt.</u> Da kann er nicht anders und erzählt alles.

<u>Huckleberry behauptet, dass Tom nur dort seine Warze loswerden könne.</u>

3. *das* oder *dass*?

Füge in jede Lücke das richtige Wort ein.

1. _____ Mark Twain über ein Kind schrieb, _____ sich oft prügelte und _____ dabei auch noch Schimpfwörter benutzte, _____ war zu seiner Zeit ein Skandal.

2. Es war für die damalige Zeit ungewöhnlich, _____ ein Autor in der Alltagssprache erzählte, _____ brachte _____ Buch in Amerika zunächst auf die Liste der verbotenen Bücher.

> *das* oder *dass*?
> Das Wort *das* kannst du durch andere Wörter ersetzen, zum Beispiel durch *dies(es)*, *jenes* oder *welches*
> (*das Wort* → *dieses Wort*, *das Wort, <u>das</u> hier steht*, … → *das Wort, <u>welches</u> hier steht*).
> Das Wort *dass* kann nicht durch ein anderes Wort ersetzt werden (*Ich glaube, <u>dass</u> es gut ist*).

Ausdrucksfehler vermeiden, Sätze vereinfachen

1. Folgende Sätze enthalten Ausdrucksfehler. Berichtige sie und scheibe die Sätze korrekt auf.

1. Der Film ist eng an die Geschichte des Buches „Die Abenteuer des Tom Sawyer" gehalten.

   _____

   _____

2. Tom Sawyer und sein obdachloser Freund Huck ist stets zu Streichen aufgelegt, für die er immer wieder Prügel bekommt.

   _____

   _____

   _____

3. Als atemberaubend und gruselig kann man diesen Kinofilm sehen.

   _____

   _____

2. Die folgenden Sätze stammen aus Schülerarbeiten. Entwirre die „Bandwurmsätze". Gib den Inhalt jeweils in mehreren kurzen Sätzen wieder. Arbeite im Heft.

Ich habe zuerst das Buch gelesen und danach den Film gesehen, sodass ich feststellen konnte, dass fast alle Szenen im Buch und im Film übereinstimmen und nur eine Szene hinzugekommen ist, in der Indianer Joe bei Tom und Tante Polly zum Essen auftaucht, um zu erkunden, was der Junge über sein Verbrechen weiß, was dazu führt, dass Tom nachts böse Albträume hat.

Gut haben mir die Darsteller gefallen, besonders die beiden Hauptdarsteller Louis Hofmann und Leon Seidel, die Tom Sawyer und Huckleberry Finn so lebensnah spielen, dass man sich mit ihnen freut, wenn sie sich freuen, und mit ihnen fiebert und bangt, wenn sie beide große Angst vor Indianer Joe haben.

Hauptaussagen eines Sachtextes erschließen und wiedergeben

1. Lies das folgende Interview. Markiere in jeder Antwort die Hauptaussage.

Die deutsche Schauspielerin Heike Makatsch spielt in dem Film „Tom Sawyer" Tante Polly. Hier erzählt sie in einem Interview, was man bei Stress mit den Eltern tun kann und was man braucht, um eine gute Schauspielerin zu sein.

Wann haben Sie zum ersten Mal Tom Sawyer gelesen?
Heike Makatsch: Die Geschichte habe ich als Kind nicht gelesen, sondern auf Kassette ge-
5 hört, als ich zwölf Jahre alt war. Ich fand sie ziemlich spannend.

Was würden Sie machen, wenn Sie ein so freches Kind hätten wie Tom Sawyer?
Heike Makatsch: Wahrscheinlich dasselbe wie
10 Polly in dem Film. Ich würde versuchen, streng, aber nicht zu streng zu sein. Und natürlich würde ich mir auch viele Sorgen machen. Ich würde hoffen, dass das Kind aus all seinen Streichen heil herauskommt. Aber verhindern
15 könnte ich sie wahrscheinlich nicht.

Was würden Sie Kindern raten, die Stress mit ihren Eltern haben?
Heike Makatsch: Sicher darf man den Eltern nicht alles verraten, weil sie ja wirklich mit
20 manchen Sachen nicht einverstanden wären. Aber bei vielen Gelegenheiten ist es besser, wenn man die Eltern eher als Komplizen sieht und nicht als Gegner. Zum Beispiel kann man ihnen Gründe nennen, warum man etwas ge-
25 tan hat. Und man kann sie daran erinnern, dass sie an ihre eigene Jugend zurückdenken sollen.

Was muss man können, um eine gute Schauspielerin zu sein?
Heike Makatsch: Man sollte andere Menschen
30 genau beobachten. Dann kann man begreifen, warum sie traurig, wütend oder lustig sind. Das ist wichtig, um selbst Gefühle vor der Kamera ausdrücken zu können. Natürlich darf man auch keine Angst vor dem Publikum haben.
35 Zwar gibt es auch Schauspieler, die von sich aus eher schüchtern sind. Aber sobald sie vor der Kamera stehen, sollten sie das vergessen.

2. Fasse mithilfe deiner markierten Stellen die wesentlichen Gedanken der Schauspielerin mit eigenen Worten zusammen. Die Interviewfragen dürfen aber nicht in deiner Zusammenfassung auftreten. Arbeite im Heft. Die Vorgaben helfen dir.

> Die Schauspielerin äußerte sich zur Kindererziehung.

> empfiehlt sie …

> Kindern, die …

> Sie betonte, …

> Um eine gute Schauspielerin zu sein, sei es wichtig, …

6 Abenteuer – damals und heute

i-Laute richtig schreiben

1. Ergänze die vorgegebenen Verben in der Vergangenheitsform. Achte dabei auf die Schreibung des *i*-Lautes.

   1. (heißt)   Das Männlein _____ Rumpelstilzchen.
   2. (schläft)   Dornröschen _____ hundert Jahre.
   3. (ruft)   „Abrakadabra!", _____ der Zauberer wütend.
   4. (fällt)   Die böse Stieftochter _____ die Treppe hinunter.
   5. (verrät)   Der alte Mann _____ den Zauberspruch.
   6. (schweigt) Das jüngste Geißlein _____ im Uhrenkasten.
   7. (gerät)   Der Müllersohn _____ in große Gefahr.

2. Schreibe die *ine*-Wörter alphabetisch geordnet auf.

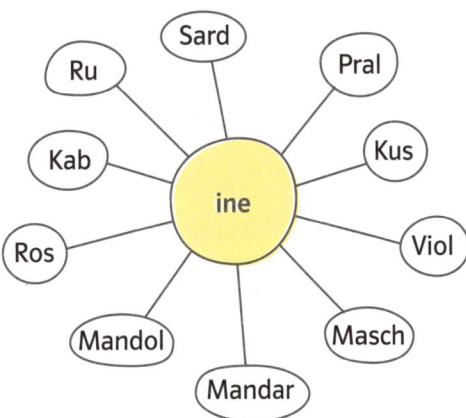

   (Ru, Sard, Pral, Kab, Kus, Ros, Viol, Mandol, Masch, Mandar — ine)

3. 📃 Schreibe mit den *ine*-Wörtern aus Aufgabe 2 mindestens zwei lustige Reime.
   Ein Beispiel ist vorgegeben. Arbeite im Heft.

   Meine Kusinen lieben Sardinen mit Rosinen.

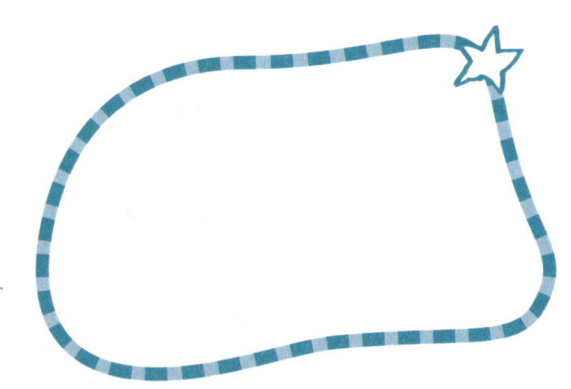

Adjektive erkennen und bilden

1. Hier wurde begonnen, ein Märchen der Brüder Grimm nachzuerzählen. Stelle fest, um welches Märchen es sich handelt, und schreibe den Namen in dein Heft.

Es war einmal ein winziges Männchen, das war boshaft und gemein und besaß große Zauberkräfte. Nun traf es sich, dass dieses ungewöhnliche Männchen eines kühlen Abends ein klägliches Wimmern vernahm. Und weil es neugierig war, eilte es hinzu und fand ein junges, hübsches Mädchen, dem hatte der goldgierige König befohlen, Stroh zu Gold zu spinnen.

2. Unterstreiche in dem Text alle Adjektive.

3. Bilde aus den folgenden Wortstämmen und den Nachsilben *-lich*, *-ig* und *-isch* Adjektive. Übernimm die Tabelle in dein Heft und trage die Adjektive ein. Ein Beispiel ist vorgegeben.

-lich	-ig	-isch
		altmodisch

~~altmod-~~ | angeber- | ängst- | ärger- | deut- | durst- | ehr- | eil- | erfreu- | fantast- | fleiß- | freund- | gesell- | häuf-

4. Ergänze in den Sätzen *als* oder *wie*.

1. Die Geißmutter hatte ihre sieben Kinder lieber _____ alles andere auf der Welt.
2. Der Wolf verstellte sich und sprach _____ die alte Geiß.
3. Das siebte Geißlein fand ein besseres Versteck _____ seine sechs Geschwister.
4. Die Geißlein stopften in den Bauch des Wolfes so viele Steine, _____ sie hineinbringen konnten.

> **Adjektive erkennen**
> 1. Fast alle Adjektive kannst du mit *sein* (*ich bin …, du bist …, er ist …*) kombinieren: *Es ist dünn.*
> 2. Die meisten Adjektive lassen sich steigern: *Der König war reich. Er wollte noch reicher werden. Er wollte am reichsten sein.*
> 3. Adjektive kannst du zwischen einen Artikel und ein Substantiv/Nomen setzen. Dabei verändert sich die Endung des Adjektivs: *klein* + *Männchen* – *das kleine Männchen, ein kleines Männchen.*

25

Sätze umformulieren

1. Lies die folgenden Textausschnitte und überlege, aus welchen Märchen sie stammen. Sie sind so geschrieben, wie man früher gesprochen hat. Wie würde man die Märchen heute erzählen? Formuliere die Ausschnitte, vor allem die markierten Wendungen, um. Arbeite im Heft.

1. Der Königssohn ==hatte aber eine List gebraucht== und hatte die ganze Treppe mit Pech bestreichen lassen: Da war, als es hinabsprang, der linke Pantoffel des Mädchens hängen geblieben …

2. Der Älteste war zu einem Schreiner in die Lehre gegangen, da lernte er fleißig und unverdrossen, und als seine Zeit herum war, dass er wandern sollte, schenkte ihm der Meister ein Tischchen, ==das gar kein besonders Ansehen== hatte und von gewöhnlichem Holz war: Aber es hatte eine gute Eigenschaft …

3. Zwei Königssöhne gingen einmal auf Abenteuer und gerieten in ein wildes, wüstes Leben, sodass sie gar nicht wieder nach Haus kamen. Der Jüngste, welcher der Dummling hieß, machte sich auf und suchte seine Brüder: Aber wie er sie endlich fand, verspotteten sie ihn, dass er ==mit seiner Einfalt== sich durch die Welt schlagen wollte …

4. Es war einmal ein Müller, der war arm, aber er hatte eine schöne Tochter. Nun traf es sich, dass er mit dem König zu sprechen kam, und ==um sich ein Ansehen zu geben==, sagte er zu ihm: „Ich habe eine Tochter, die kann Stroh zu Gold spinnen." …

5. Da ging das Kind hinaus in den Wald, und es begegnete ihm da eine alte Frau, die wusste seinen Jammer schon und schenkte ihm ein Töpfchen, zu dem sollt es sagen „Töpfchen, koche", so kochte es guten süßen Hirsebrei, und wenn es sagte: „Töpfchen, steh", so hörte es wieder auf zu kochen. Das Mädchen brachte den Topf seiner Mutter heim und nun ==waren sie ihrer Armut und ihres Hungers ledig== …

Umgang mit Texten

Handlungsschritte eines literarischen Textes erkennen

1. Lies das folgende Märchen. Gliedere es in zehn Abschnitte. Gib zu jedem Abschnitt den wesentlichen Inhalt in Stichworten wieder. Arbeite im Heft.

Leo N. Tolstoi: Der große Bär

Vor langen, langen Jahren war einmal eine große Trockenheit auf Erden: Alle Flüsse, Bäche und Brunnen waren versiegt, alle Bäume, Sträucher und Gräser vertrocknet, und Menschen und Tiere kamen vor Durst um. Da ging eines Tages ein kleines Mädchen von daheim fort, mit einem Krug in der Hand, um Wasser für die kranke Mutter zu suchen. Das Mädchen fand nirgends Wasser und legte sich vor Müdigkeit im Feld auf das Gras und schlief ein. Als es erwachte und nach dem Kruge griff, hätte es beinahe das Wasser verschüttet. Er war nämlich voll frischen, klaren Wassers. Das Mädchen freute sich und wollte trinken, aber da fiel ihm ein, dass es dann für die Mutter nicht reichen würde, und sie lief mit dem Krug nach Hause. Sie hatte es damit so eilig, dass sie gar nicht das Hündchen bemerkte, stolperte und den Krug fallen ließ. Das Hündchen winselte kläglich. Das Mädchen langte nach dem Krug. Sie dachte, nun habe sie das Wasser verschüttet, aber nein! Der Krug stand aufrecht auf dem Boden und nicht ein Tropfen fehlte. Da goss sich das Mädchen ein wenig Wasser in die hohle Hand und das Hündchen leckte es auf und wurde wieder ganz lustig. Das Mädchen langte wieder nach dem Krug, aber siehe: Da war er nicht mehr aus Holz, sondern aus Silber. Das Mädchen lief mit dem Krug nach Hause und gab ihn der Mutter. Die Mutter sprach: „Ich muss ohnedies sterben, trink du lieber das Wasser". Sie gab dem Mädchen den Krug. Im selben Augenblick aber verwandelte sich der silberne Krug in einen goldenen. Da konnte das Mädchen nicht länger widerstehen und wollte den Krug gerade an ihre Lippen setzen, als ein Wanderer ins Zimmer trat und um einen Schluck Wasser bat. Das Mädchen schluckte den Speichel hinunter und reichte dem Wanderer den Krug. Und da: Plötzlich erschienen auf dem Krug sieben riesengroße Diamanten, und aus jedem floss ein großer Strahl frischen, klaren Wassers. Die sieben Diamanten stiegen höher und stiegen zum Himmel empor und wurden der große Bär.

7 Sommerhitze – Flockenwirbel

Wörter mit *z/tz* und *k/ck* richtig schreiben

1. Lies das Gedicht und ergänze die fehlenden Reimwörter.

Erfolglos

Abends schleicht auf leiser Tatze

zu dem Kirschbaum Nachbars _____.

Klettert flink hinauf bis fast

auf den allerhöchsten _____.

5 Denn bekanntlich fressen Katzen

außer Mäusen auch gern _____.

Vater Spatz piepst laut im Dustern

und beginnt sich aufzu_____.

Augen glühen, Krallen wetzen,

10 Vater Spatz sieht's mit _____.

Doch die Spätzin – woll'n wir wetten –

wird schon ihre Kinder _____.

Kämpft so lange um ihr Nest,

bis die Katz den Baum ver_____.

2. Erarbeite dir eine „Reimfundgrube". Finde Reimwörter mit *z/tz* und *k/ck* und trage sie ein. Schreibe selbst ein Reimgedicht.

blitzt	jetzt	Glocke	Stock	lenkt	Scherz
fl	s	L	Sch	d	H
schw	h	S	R	s	Schm
s	p	Fl	B	schw	N

3. Setze die richtigen Buchstaben in die Lücken ein.

z oder **tz** ?

kur__ | Stur__ | Pflan__e | Wan__e | Ka__e | Besi__ |

stol__ | Ar__t | Pil__ | Fil__ | Kreu__ | Kau__

k oder **ck** ?

blan__ | Schran__ | wel__en | Nel__en | Par__ | Quar__ | pflü__t | glü__t

Subjekt und Prädikat erkennen

1. Lies das folgende Gedicht mehrmals. Beschreibe die Bilder, die hier „gemalt" werden.

Christine Busta: Die Frühlingssonne

==Unhörbar wie eine Katze
kommt sie über die Dächer,==
springt in die Gassen hinunter,
läuft durch Wiesen und Wald.

5 Oh, sie ist hungrig! ==Aus jedem
verborgenen Winkel schleckt sie
mit ihrer goldenen Zunge den Schnee.==

==Er schwindet dahin wie Milch
in einer Katzenschüssel.==
10 Bald ist die Erde wieder blank.

Die Zwiebelchen unter dem Gras
spüren die Wärme ihrer Pfoten
und beginnen neugierig zu sprießen.

Eins nach dem anderen blüht auf:
15 Schneeglöckchen, Krokus und Tulpe,
weiß, gelb, lila und rot.
Die zufriedene Katze strahlt.

2. In Gedichten haben die Verse häufig eine ungewöhnliche Wortfolge. Stelle die drei markierten Sätze so oft wie möglich um, ohne dass sich der Sinn des Satzes verändert. Ermittle durch diese Umstellprobe für jeden Satz die Anzahl der Satzglieder. Ein Beispiel ist vorgegeben. Arbeite im Heft.

Sie kommt unüberhörbar wie eine Katze über die Dächer. Über die Dächer kommt sie unhörbar wie eine Katze. (4 Satzglieder)

3. Dinge und Erscheinungen werden in Gedichten oft wie Lebewesen dargestellt. Verbinde folgende Subjekte mit einer Tätigkeit oder einem Verhalten. Verwende dabei nicht die Hilfsverben *sein* (*ist, sind*), *haben* und *werden*. Markiere in jedem Satz das Prädikat.

Die Blüten   *Die Blüten drehen ihr Gesicht zur Sonne.*

Der Herbst _____

Der Sturmwind _____

Die welken Blätter _____

Der Frühling _____

7 Sommerhitze – Flockenwirbel

Ausdrucksfehler erkennen, Reimwörter finden

1. Die folgenden Schüleraussagen zu Gedichten enthalten Ausdrucksfehler. Markiere die Fehler und berichtige jeden Satz.

1. In dem Gedicht geht es von einem Menschen (Ich), der den Frühlingsanfang erlebt.
   _____

2. Im Gedicht werden mehrere Sinne angeschnitten.
   _____

3. Es beherrscht eine hoffnungsvolle, freudige Grundstimmung.
   _____

4. Das Gedicht ist in drei Strophen zerlegt.
   _____

5. Durch die Vergleiche macht das Gedicht lebendiger und anschaulicher.
   _____

6. Mir gefällt das Gedicht, weil es so verstehbar ist.
   _____

2. Vollende die Gedichte, indem du die fehlenden Reimwörter einsetzt.

1. Mein Drachen

Einen Drachen bau ich mir

aus zwei Leisten und _____.

Male ihm mit Tusche bunt,

einen riesengroßen _____.

₅ Auch die Augen fehlen nicht

und die Nase im _____.

Ohren hat er wunderschön,

die gar fein im Winde _____.

Hinten hängt ein Schwänzchen dran,

₁₀ dass er richtig steuern _____.

2. Vögel, die nicht singen,

Glocken, die nicht _____,

Pferde, die nicht _____,

Nüsse, die nicht krachen

Kinder, die nicht _____,

₅ was sind das für _____?

Umgang mit Texten

Inhalt und Reimschema von Gedichten erkennen

1. In den folgenden Gedichten von Joachim Ringelnatz und Christian Morgenstern sind die Zeilen vollkommen durcheinandergeraten. Bringe sie in die richtige Reihenfolge.

Joachim Ringelnatz: Bumerang

Publikum noch stundenlang
War ein Weniges zu lang.
Aber kam nicht mehr zurück.
Wartete auf Bumerang.
5 War einmal ein Bumerang,
Bumerang flog ein Stück,

Joachim Ringelnatz: Bumerang

Christian Morgenstern: Der Lattenzaun

Christian Morgenstern: Der Lattenzaun

Es war einmal ein Lattenzaun,
Stand eines Abends plötzlich da
Ein Anblick grässlich und gemein,
Mit Latten ohne was herum,
5 ein Architekt, der dieses sah,
Mit Zwischenraum, hindurchzuschaun.
Und nahm den Zwischenraum heraus
Der Zaun indessen stand ganz dumm
Der Architekt jedoch entfloh
10 Drum zog ihn der Senat auch ein.
und baute draus ein großes Haus.
Nach Afri- od- Ameriko.

8 Freche Typen

Wörter mit *f*-Laut richtig schreiben

1. Markiere in dem Einleitungstext über Till Eulenspiegel alle Wörter, in denen der *f*-Laut durch ein *V/v* wiedergegeben wird. Lege dir eine Liste mit solchen *V/v*-Wörtern an.

Till Eulenspiegel ist ein berühmter Volksnarr. Er lebte vor ungefähr 700 Jahren. Durch listige Streiche führte er die Menschen gern vor. Absichtlich verhielt er sich wie ein unwissender Spaßmacher, aber in Wirklichkeit hatte er mehr Verstand als viele seiner Mitmenschen.

2. Es gibt in der deutschen Sprache nicht viele Wörter, in denen statt *f* ein *v* geschrieben wird. Du kannst sie dir einprägen. Ergänze noch folgende „Merkwörter": *Vater, Veilchen, Vieh, vier, Vogel, vorn, brav.*

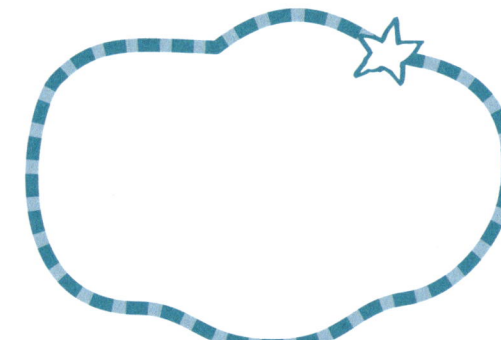

3. Trage in der folgenden Eulenspiegelgeschichte die fehlenden Buchstaben ein. Notiere, wie viele Wörter du davon mit *f* und wie viele du mit *v* geschrieben hast.

Till Eulenspiegel in Bayreuth

__on Bamberg aus pilgerte Till Eulenspiegel nach Bayreuth, wo er an einer Herberge __orbeikam. Deren Wirt hatte die Weisheit nicht gerade mit Löffeln ge__ressen, wie Till bald bemerkte. Geld besaß Eulenspiegel wie gewöhnlich nicht, da__ür hatte er großen Hunger. Der Wirt __ragte ihn, ob er ihm ein Schöpplein Wein bringen solle. Dabei entdeckte Eulenspiegel,

5 dass __orne in der Küche Rostwürstchen gebraten wurden. Die rochen gar __ein. Als nun der Wirt ihm das Schöpplein Wein servierte, sagte er __erschmitzt: „Lieber Herr Wirt, bringt mir dafür ein Rostwürstchen."

Da nahm der Herbergs__ater seinen Wein zurück und brachte ihm ein Rostwürstchen. Das aß Till mit Stumpf und Stiel auf. Dann stand er auf und als er die Gaststube __erlassen woll

10 te, __erstellte ihm der Wirt den Weg und __orderte: „Ei, ei, mein werter Gast, das ist hier nicht Brauch, ohne Bezahlung da__onzugehen. Zahlt mir __orerst das Rostwürstchen!"

„__ür das Rostwürstchen zahle ich Euch nichts", antwortete Till kein bisschen __erlegen, „denn dafür habe ich Euch den Schoppen Wein gegeben." „Den habt Ihr ja auch nicht bezahlt", sagte der Wirt. „Ich habe ihn ja auch nicht getrunken", antwortete Till und ging da__on,

15 sodass der Wirt, dem so etwas nicht in den Kopf wollte, das Nachsehen hatte.

☐ f-Wörter   ☐ v-Wörter

Lösungen
Sprachförderheft deutsch.kompetent 5
978-3-12-316101-8

Ich, Du, Wir
Seite 4 Rechtschreibung

1. Sultana <u>lebt</u> seit fünf Jahren in Deutschland. Sie <u>kommt</u> aus einer Stadt, die ihr sicher <u>kennt</u>. Im Hafen dieser Stadt <u>erhebt</u> sich die Freiheitsstatue, die 93 Meter in die Höhe <u>ragt</u>. <u>Weißt</u> du, woher Sultana kommt? – Aus <u>New York</u>.

   Wladimir <u>stammt</u> aus dem größten Land der Erde. Dieses Land <u>erstreckt</u> sich über zwei Kontinente. Seine Hauptstadt befindet sich in Europa, während Wladimirs Geburtsstadt in Asien <u>liegt</u>. Wladimir ist aus <u>Russland</u>.

2.
   2. Isst du gern Pizza?
   3. Gehst du häufig ins Kino?
   4. Siehst du gern Abenteuerfilme?
   5. Hörst du gern Musik?
   6. Gehst du häufig schwimmen?
   7. Liest du gern Krimis?
   8. Reist du gern in fremde Länder?
   9. Spielst du oft Karten?

Seite 5 Grammatik

1. haben verlassen, erfährt, lässt

2. war, hatten, begann, sind, üben, sollen, taten, liefen

Seite 6 Ausdruck und Wortschatz

1. Ich begeistere mich sehr <u>für</u> Pferde. Das Reiten spielt in meinem Leben eine große <u>Rolle</u>. Ich bin auch <u>regelmäßig</u> dreimal in der Woche im Stall. Später möchte ich einen Beruf <u>erlernen</u>, der etwas mit Pferden zu tun hat.

2. abhängig von Schülerbeiträgen; z.B. **Murat:** Es macht mir Spaß, mit Freunden schwimmen zu gehen. Auch Fußball spiele ich gern. Mit Begeisterung fahre ich Skateboard. Zu Hause mag ich es, am Computer zu spielen.; z.B. **Lisa:** Ich treffe mich meistens mit Freunden. Wir gehen dann oft zusammen ins Kino. Häufig sind wir aber auch mit dem Fahrrad unterwegs. Wenn schlechtes Wetter ist, lese ich gern oder höre Musik.

Seite 7 Umgang mit Texten

1. abhängig von Schülerbeiträgen; z.B. **1. Abschnitt:** Der elfjährige Timo möchte sich Wüstenrennmäuse kaufen.; **2. Abschnitt:** Er begann, in einer Bäckerei als Praktikant zu arbeiten.; **3. Abschnitt:** Timo hatte geschummelt, denn die Chefin wusste nichts von ihrem elfjährigen Praktikanten.; **4. Abschnitt:** Die Polizei hat ihn zu Hause abgeliefert, er hat kein Geld verdient und trotzdem war er erfolgreich und bekam zwei Mäuse geschenkt, denn die Zeitung hatte über ihn berichtet.

2. abhängig von Schülerbeiträgen

Jetzt verstehe ich dich!
Seite 8 Rechtschreibung

1. Wenn es doch schon so weit wäre!; Ich nehme meinen MP3-Player mit.; Hör doch auf immer dazwischenzuquatschen!; Was müssen wir mitnehmen?; Schreibt euch das bitte auf!

2. *Manfred Mai: Eine schöne Geschichte (Auszug)*

   „Wer war das?", wollte Herr Burger wissen. Er wartete eine Weile und schaute dabei jeden an. Als sich niemand meldete, sagte er: „Ihr habt bis zum Ende der Stunde Zeit. Wenn sich der oder die Täter bis dahin nicht melden, wisst ihr, was folgt."
   Natürlich wussten wir das, und deshalb hätten die meisten am liebsten gesagt, wer es getan hatte. Doch keine Hand rührte sich. Herr Burger wollte gerade mit dem Unterricht weitermachen, da meldete sich Heinz und sagte ganz laut: „Der Wilhelm war's. Ich hab's genau gesehen!"
   Mir gab es einen richtigen Stich. „Stimmt das?", fragte Herr Burger in die Klasse.

Seite 9 Grammatik

1. 2. Sprich bitte etwas deutlicher!; 3. Lies bitte den Text vor!; 4. Wirf bitte den Zettel nicht weg!; 5. Hilf mir bitte bei den Aufgaben!

2. z.B. 2. Wir könnten doch heute Nachmittag gemeinsam Mathe üben.; 3. Wie wäre es, wenn wir jetzt die Vorschläge für die Klassenfahrt besprechen?; 4. Ich schlage vor, zuerst Fußball zu spielen und dann das Computerspiel auszuprobieren. 5. Wollen wir nicht nächstes Wochenende gemeinsam ins Kino gehen?

3. abhängig von Schülerbeiträgen

Lösungen

Seite 10 Ausdruck und Wortschatz

1. abhängig von Schülerbeiträgen; z.B. Ich soll an der Tafel eine Matheaufgabe lösen, ich will das auch, aber ich kann es nicht.; Ich soll mein Zimmer aufräumen, ich kann das auch, aber ich will es nicht.; Ich will und kann meinem Freund helfen, aber ich weiß nicht, ob ich soll.

2. 2. <u>Kannst</u> du mir vielleicht mal die Aufgabe erklären?; 3. <u>Soll/Kann</u> ich das Fenster öffnen oder wird euch zu kalt?; 4. Ich <u>muss</u> mich heute beim Training entschuldigen, denn ich <u>soll/muss</u> dringend zum Zahnarzt.; 5. <u>Willst</u> du lieber ins Kino oder zum Fußball gehen?; 6. <u>Kannst</u> du mir bitte erklären, wie das funktioniert?

Seite 11 Umgang mit Texten

1. und 2. abhängig von Schülerbeiträgen

Erlebt – erdacht – erzählt

Seite 12 Rechtschreibung

1. Rätselhaftes Heulen
Seit vier Nächten schrecken die Teilnehmer eines Ferienlagers auf der Insel Rügen aus dem Schlaf auf. Unheimliche Heulgeräusche rauben ihnen die nächtliche Ruhe. Alle rätseln, wer der Täter sein könnte. Ein gefährliches Tier, das schrecklich heult? Der Wind, der durch die Blätter der Bäume und Sträucher auf dem Gelände pfeift? Oder sind es Eulen, die im Dunkeln ihre Beute jagen? Alissa, die Gruppensprecherin, sammelte Vorschläge der Bewohner des Zeltplatzes, wie man das Problem lösen könnte. Sie hat ein kleines Detektivteam aus fünf Leuten gebildet, das die geheimnisvollen Vorgänge in der Nähe des Lagers aufklären soll.

2. Mitglied, Handballvereins, Musik, Radfahren, Berg, Wald; Typ, Welt, Windsurfen; unglaublich, erfolgreicher, Leichtathlet

3. aufgedeckt, sagt, überlegt, lasst

Seite 13 Grammatik

1. Immer wenn Florian Wachdienst hat, tritt das Heulen außerhalb der Wachzeit auf.

2. Als Florian und ich in der dritten Nacht bei der Kirche Wache <u>gehalten hatten</u>, begann das Heulen gegen 3.30 Uhr am Leuchtturm.
Immer wenn Kenan und Florian zusammen an der Bootswerft <u>gewesen waren</u>, ertönte das Heulgeräusch kurz nach 3 Uhr an der Kirche.
Nachdem Paul und Nelly in der sechsten Nacht an der Kirche <u>eingenickt waren</u>, wachten sie durch das Heulen am Leuchtturm auf.
Auch in der letzten Nacht konnten wir das Geheimnis nicht lüften, weil ich mich mit Nelly am Leuchtturm versteckt hatte.
Ist etwa der Inselschreck ein Mitglied unseres Detektivteams?

Seite 14 Ausdruck und Wortschatz

1. *Täter entlarvt*
Nachdem die Teilnehmer des Ferienlagers einige Nächte am Leuchtturm ein Heulen <u>gehört hatten</u>, beschlossen sie, die Sache genau zu <u>untersuchen</u>.
Es <u>wurde</u> ein Detektivteam <u>gebildet</u>. Das Team entschied, Wachen aufzustellen. Es wurde ein genauer Wachplan beschlossen. Als das Team acht Nächte <u>gewacht hatte</u>, kam Alissa auf die Lösung des Rätsels. Sie erkannte, dass ein Mitglied aus dem Team das Heulen Nacht für Nacht <u>verursachte</u>. Nun <u>wurde</u> dem Täter eine Falle <u>gestellt</u>. So konnte er auf frischer Tat <u>ertappt</u> <u>werden</u>.

2. abhängig von Schülerbeiträgen; z.B. **Vorgänge:** gruselige; **Heulgeräusche:** beängstigende; **Erlebnisse:** schöne, eindrucksvolle, unvergessliche, spannende

Seite 15 Umgang mit Texten

1. abhängig von Schülerbeiträgen

2. abhängig von Schülerbeiträgen; Es muss mithilfe von kürzeren Sätzen die richtige Abfolge der Ereignisse dargestellt werden.

3. abhängig von Schülerbeiträgen

Okapi, Faultier & Co.

Seite 16 Rechtschreibung

<u>Frechheit</u>, <u>Strategie</u>, <u>Energiesparer</u>; <u>Haarkleid</u>, <u>Beispiel</u>, <u>Tarnung</u>; <u>Baumkronen</u>, <u>Greifvogel</u>, <u>Akrobaten</u>

Seite 17 Grammatik

1.
Singular			Plural
männlich (maskulin)	weiblich (feminin)	sächlich (neutral)	
		das Blatt	die Blätter
	die Lust		die Lüste
	die Energie		die Energien
der Schmetterling			die Schmetterlinge
	die Tarnung		die Tarnungen

2

Lösungen

2. *Mira Lobe: Deutsch ist schwer*
Deutsch ist schwer.
Das kann ich beweisen,
bitte sehr!
Herr Maus heißt zum Beispiel Mäuserich,
Herr Laus aber keineswegs Läuserich.
Herr Ziege heißt Bock,
aber Herr Fliege nicht Flock.
Frau Hahn heißt Henne,
aber Frau Schwan nicht Schwenne.
Frau Pferd heißt Stute,
Frau Truthahn Pute,
und vom Schwein die Frau heißt Sau.
Und die Kleinen sind Ferkel.
Ob ich mir das merkel?
Und Herr Kuh ist gar ein doppeltes Tier,
heißt Ochs oder Stier,
und alle zusammen sind Rinder.
Aber die Kinder sind Kälber!
Na, bitte sehr, sagt doch selber:
Ist Deutsch nicht schwer?

Seite 18 — Ausdruck und Wortschatz

1. abhängig von Schülerbeiträgen, z. B. Die Körperlänge beträgt einen guten halben Meter.; Faultiere wiegen etwa fünf Kilogramm.; Das dichte, struppige und verfilzte Fell beherbergt Algen und kleine Tiere.

2. abhängig von Schülerbeiträgen; z. B. **Fell:** dicht, gestreift, glänzend, kurz, seidig, struppig; **Körper:** gedrungen, groß, kräftig, langgestreckt

3. Faultiere verbringen ihr Leben, ohne sich groß anzustrengen. Meist hängen sie einfach nur ab. Diese Langsamkeit ist aber keine Faulheit, sondern ein sehr cleveres Erfolgskonzept. Das Faultier spart durch seine langsamen Bewegungen eine Menge Energie.

Seite 19 — Umgang mit Texten

1. abhängig von Schülerbeiträgen

Tausend Worte – tausend Bilder
Seite 20 — Rechtschreibung

1. kurz gesprochener Vokal: mussten, lassen; **lang gesprochener Vokal:** heißt, barfuß

2. zerissenem, muss, weiß, grässlich, Straße, passiert, wüsste, bisschen, lassen, schließlich

Seite 21 — Grammatik

1. in der Reihenfolge ihres Vorkommens: Dass, das (dieses/jenes), dass, das (dieses/jenes/es)

2. Später schwören sie sich, dass sie keinem etwas von der Geschichte erzählen.; Doch bald kriegt Tom mit, dass der Falsche wegen des Mordes angeklagt ist.

3. in der Reihenfolge ihres Vorkommens: Dass, das, das, das, dass, das, das

Seite 22 — Ausdruck und Wortschatz

1. 1. Der Film hält sich eng an die Geschichte des Buches „Die Abenteuer des Tom Sawyer".; 2. Tom Sawyer und sein obdachloser Freund Huck sind stets zu Streichen aufgelegt, für die sie immer wieder Prügel bekommen.; 3. Als atemberaubend und gruselig kann man diesen Kinofilm bezeichnen.

2. abhängig von Schülerbeiträgen; z. B. 1. Ich habe zuerst das Buch gelesen und danach den Film gesehen. Fast alle Szenen im Buch und im Film stimmen überein. Nur eine Szene ist hinzugekommen. Indianer Joe taucht bei Tom und Tante Polly zum Essen auf, um zu erkunden, was der Junge über sein Verbrechen weiß. Das führt dazu, dass Tom nachts Albträume bekommt.; 2. Die beiden Hauptdarsteller Louis Hofmann und Leon Seidel haben mir besonders gut gefallen. Sie spielen Tom Saywer und Huckleberry Finn so lebensnah, dass man sich mit ihnen freut, wenn sie sich freuen. Wenn sie beide große Angst vor Indianer Joe haben, fiebert und bangt man mit ihnen.

Seite 23 — Umgang mit Texten

1. … auf Kassette gehört, als ich zwölf Jahre alt war.; Ich würde versuchen, streng, aber nicht zu streng zu sein. Und natürlich würde ich mir auch viele Sorgen machen.; … bei vielen Gelegenheiten ist es besser, wenn man die Eltern eher als Komplizen sieht und nicht als Gegner.; … andere Menschen genau beobachten. … keine Angst vor dem Publikum …

2. abhängig von Schülerbeiträgen

Abenteuer – damals und heute
Seite 24 — Rechtschreibung

1. hieß, schlief, rief, fiel, verriet, schwieg, geriet

2. Kabine, Kusine, Mandarine, Mandoline, Maschine, Praline, Rosine, Ruine, Sardine, Violine

3. abhängig von Schülerbeiträgen

Lösungen

Seite 25 — Grammatik

1. Rumpelstilzchen

2. winzig, boshaft, gemein, große, ungewöhnliche, kühlen, klägliches, neugierig, junges, hübsches, goldgierige

3. angeberisch, ängstlich, ärgerlich, deutlich, durstig, ehrlich, eilig, erfreulich, fantastisch, fleißig, freundlich, gesellig, häufig

4. in der Reihenfolge ihres Vorkommens: als, wie, als, wie

Seite 26 — Ausdruck und Wortschatz

1. 1. Aschenputtel, z. B. Der Königsohn <u>versuchte es mit einem Trick</u> und ließ die ganze Treppe mit Pech bestreichen. Als das Mädchen die Treppe hinunterlief, blieb ihr linker Schuh am Pech kleben.; 2. Tischlein deck' dich, z. B. … lernte er fleißig und fröhlich, und als er fertig mit der Ausbildung war und auf Wanderschaft gehen sollte, schenkte ihm der Meister ein Tischchen <u>aus Holz, das ganz normal aussah</u> …; 3. Die Bienenkönigin, z. B. Zwei Königssöhne gingen einmal aus, um etwas zu erleben und kehrten nicht wieder zurück nach Hause. Der jüngste Bruder, der Dummling genannt wurde, suchte nach seinen Brüdern. Als er sie endlich fand, machten sie sich über ihn lustig, dass er sich <u>einfach, wie er war, und ohne viel nachzudenken</u> auf den Weg in die weite Welt machte.; 4. Rumpelstilzchen, z. B. … schöne Tochter. Als er einmal mit dem König ins Gespräch kam, sagte er, <u>weil er prahlen und angeben wollte</u>: „Ich habe …; 5. Der süße Brei, z. B. Da ging das Kind hinaus in den Wald. Dort begegnete ihm eine alte Frau, die wusste, warum das Kind traurig war, und schenkte … Das Mädchen brachte den Topf nach Hause zu seiner Mutter und nun <u>waren sie nicht mehr arm und mussten nie mehr hungern</u>.

Seite 27 — Umgang mit Texten

1. 1. Vor langen, langen Jahren …: große Trockenheit auf Erden; 2. Da ging eines Tages …: kleines Mädchen sucht Wasser und findet keines; 3. Als es erwachte …: Krug füllt sich von selbst mit Wasser, sie will ihn nach Hause bringen; 4. Sie hatte es damit so eilig …: Kurz vor dem Ziel lässt sie den Krug fallen.; 5. Der Krug stand …: kein Wasser verschüttet; 6. Das Mädchen langte …: Krug plötzlich aus Silber; 7. Das Mädchen lief …: Sie gibt den Krug der Mutter, Mutter gibt ihn dem Kind zurück; 8. Im selben Augenblick …: Krug plötzlich aus Gold, Mädchen will trinken; 9. … als ein Wanderer ins Zimmer trat …: ohne selbst zu trinken, gibt sie den Krug dem Wanderer; 10. Und da: Plötzlich …: Krug mit Diamanten, Wasser fließt, Diamanten steigen zum Himmel und bilden das Sternbild Großer Bär.

Sommerhitze – Flockenwirbel

Seite 28 — Rechtschreibung

1. Katze, Ast, Spatzen, aufzuplustern, Entsetzen, retten, verlässt

2. flitzt, schwitzt, sitzt; setzt, hetzt, petzt; Locke, Socke, Flocke; Schock, Rock, Bock; denkt, senkt, schwenkt; Herz, Schmerz, Nerz

3. kurz, Sturz, Pflanze, Wanze, Katze, Besitz, stolz, Arzt, Pilz, Filz, Kreuz, Kauz; blank, Schrank, welken, Nelken, Park, Quark, pflückt, glückt

Seite 29 — Grammatik

1. Sonne als schleichende Katze: kommt …, springt …, läuft … = breitet sich überall aus; schleckt den Schnee, schwindet dahin = der Schnee schmilzt; Wärme ihrer Pfoten = Erde erwärmt sich; neugierig zu sprießen = Frühblüher kommen aus der Erde; zufriedene Katze strahlt = Sonne bringt den Frühling

2. Unhörbar wie eine Katze kommt sie über die Dächer. Sie kommt unhörbar wie eine Katze über die Dächer. Über die Dächer kommt sie unhörbar wie eine Katze. – vier Satzglieder; Aus jedem verborgenen Winkel schleckt sie mit ihrer goldenen Zunge den Schnee.: Den Schnee schleckt sie mit ihrer goldenen Zunge aus jedem verborgenen Winkel. Mit ihrer goldenen Zunge schleckt sie aus jedem verborgenen Winkel den Schnee. Sie schleckt aus jedem verborgenen Winkel mit ihrer goldenen Zunge den Schnee. – fünf Satzglieder; Er schwindet dahin wie Milch in einer Katzenschüssel.: Wie Milch in einer Katzenschüssel schwindet er dahin. Dahin schwindet er wie Milch in einer Katzenschüssel. – vier Satzglieder

3. abhängig von Schülerarbeiten

Seite 30 — Ausdruck und Wortschatz

1. 1. In dem Gedicht geht es <u>um einen</u> Menschen (Ich), der den Frühlingsanfang erlebt. 2. Im Gedicht werden mehrere Sinne <u>angesprochen</u>. 3. Es <u>herrscht</u> eine hoffnungsvolle, freudige Grundstimmung (<u>vor</u>). 4. Das Gedicht ist in drei Strophen <u>gegliedert</u>. 5. Durch die Vergleiche <u>wirkt</u> das Gedicht lebendiger und anschaulicher. 6. Mir gefällt das Gedicht, weil es so <u>verständlich</u> ist.

2. 1. Papier, Mund, Gesicht, wehen, kann; 2. klingen, springen, lachen, Sachen

Lösungen

Seite 31 Umgang mit Texten

1. Bumerang: War einmal ein Bumerang/War ein Weniges zu lang./Bumerang flog ein Stück,/Aber kam nicht mehr zurück./Publikum noch stundenlang/Wartete auf Bumerang.; Der Lattenzaun: Es war einmal ein Lattenzaun,/Mit Zwischenraum, hindurchzuschaun./Stand eines Abends plötzlich da/ein Architekt, der dieses sah,/Und nahm den Zwischenraum heraus/und baute draus ein großes Haus./Der Zaun indessen stand ganz dumm/Mit Latten ohne was herum,/Ein Anblick grässlich und gemein,/Drum zog ihn der Senat auch ein./Der Architekt jedoch entfloh/nach Afri- od- Ameriko.

Freche Typen

Seite 32 Rechtschreibung

1. Volksnarr, vor, führte vor, verhielt, Verstand, viele

2. keine Lösung

3. Von, vorbeikam, gefressen, dafür, fragte, vorne, fein, verschmitzt, Herbergsvater, verlassen, verstellte, forderte, davonzugehen, vorerst, Für, verlegen, davon; **f-Wörter:** 6; **v-Wörter:** 11

Seite 33 Grammatik

1. dir, mir, mir, ihm, ihn, er, ihm, ich, ihn, sie, sie, ich, ich, ihn, ihm, ihnen, mir

2. abhängig von Schülerbeiträgen; z. B. er schämt sich, dass er hereingelegt wurde, er hat Angst vor seiner Frau usw.

3. 1. Da habe ich ihn ja überlistet!; 2. Der Wirt hat sie wohl nicht gerade mit Löffeln gefressen.; 3. Er wird sie sicher nie verstehen.; 4. Mir hat es aber wunderbar geschmeckt; 5. Gern hätte ich ihn auch noch getrunken; 6. Wer weiß, was der Wirt danach ihr erzählt hat.

Seite 34 Ausdruck und Wortschatz

1. abhängig von Schülerbeiträgen; z. B. 1. Der Wirt ist nicht besonders schlau.; 2. Till aß das Würstchen vollständig auf.

2. 1. sich heimlich über einen Vorteil freuen; 2. jemanden irreführen; 3. in sehr hohem Maße; 4. völlig erschöpft; **Lösungswort:** Schelm

3. 2. Der Wirt betonte, dass es nicht Brauch sei, ohne Bezahlung davonzugehen.; 3. Er verlangte von Till, für das Rostwürstchen zu zahlen.; 4. Er habe ihm dafür den Schoppen Wein gegeben, erklärte Till.

Seite 35 Umgang mit Texten

1. keine Lösung

2. abhängig von Schülerbeiträgen; z. B. **Abschnitt 1:** Nürnberg, „Wunderdokor", Geld verdienen; **Abschnitt 2:** Spital, viele Kranke, 200 Taler Verdienst; **Abschnitt 3:** Kranken, Heilung, Ärzte und Schwestern; **Abschnitt 4:** Kränkste, opfern, Pulver; **Abschnitt 5:** Die Kranken, rannten, plötzlich kerngesund

Genial medial

Seite 36 Rechtschreibung

1. Lesen, Lustiges, Sammeln

2. 2. Aufgaben zum Raten und Knobeln; 3. Witze zum Lachen und Weitererzählen; 4. Bilder zum Ausschneiden und Aufkleben

3. 2. nichts Langweiliges; 3. viel Lustiges; 4. manches Informative

Seite 37 Grammatik

1. Menschen, Affen, Piloten, Löwen, Kunden, Kunden

2. 2. die Eltern des Jungen; 3. die Entwicklung eines Menschen; 4. die Arbeit der Studenten; 5. der Artikel des Journalisten

3. 2. unseren Planeten; 3. einem Biologen; 4. des Zwergkaninchens

Seite 38 Ausdruck und Wortschatz

1. abhängig von Schülerbeiträgen; z. B. ich halte es für richtig …, mir hat gefallen …/mir hat nicht gefallen …, ich denke, es ist gut/richtig/nicht gut/falsch … usw.

2. abhängig von Schülerbeiträgen

Seite 39 Umgang mit Texten

1. z. B. **Abschnitt 1:** besten Freund, Freunde in der Schule, Verabreden, langweilt; **Abschnitt 2:** Reiterhof, Hühnerhaus, Traktor, Ernte, am liebsten; **Abschnitt 3:** besucht, Tim, einmal, Heuballen, Scheune, rumgeklettert; **Abschnitt 4:** Wichtigste, Freundschaft, versteht, hilft, netter; **Abschnitt 5:** Schwester, Freundin; **Abschnitt 6:** lieber allein, was ich will; **Abschnitt 7:** Herbst, Äpfel, Gemüsegarten, eingezäunt, Katze, Schnecken; **Abschnitt 8:** Abenteuer, Vater, Schweiz, Sommerferien, Sportflugzeug, Matterhorn

2. abhängig von Schülerbeiträgen

Lösungen

Sprachakrobatik

Seite 40 Rechtschreibung

1. keine Lösung
2. 1. drittes Wort „t"; 2. viertes Wort „s"; 3. zweites Wort „r"
3. **Strophe 1:** Apfelbaum schaukelt; **Strophe 2:** und, sind; **Strophe 3:** nicht, tiefsten; **Strophe 4:** Apfelbaum, Giraffen; **Strophe 5:** noch, einfach

Seite 41 Grammatik

1. 1. Augapfel, Zankapfel, Adamsapfel; 2. Stopfpilz, Giftpilz, Fliegenpilz, Rauchpilz; 3. Trauerkloß; 4. Wortsalat
2. abhängig von Schülerbeiträgen, z. B. 2. Pilzpfanne; 3. Kloßteig; 4. Salatschüssel
3. 2. Fleischwolf; 3. Drahtesel; 4. Bücherwurm; 5. Fechdachs; 6. Dreckspatz
4. 2. unglaubliche; 3. furchtbares; 4. herzhaftes; 5. schreckliche

Seite 42 Ausdruck und Wortschatz

1. 2. Norweger; 3. Spanier; 4. italienisch; 5. Franzose, französisch; 6. Deutscher; 7. polnisch
2. 1. In der Schillerschule haben Eltern, Lehrer und Schüler einen Speiseraum im Werte von 5000 Euro geschaffen.; 2. Urlauber! Ab sofort bis Oktober Übernachtungsmöglichkeiten mit fließend warmem und kaltem Wasser für zwei Personen.; 3. Im Heft des Lehrers befanden sich die Korrekturen aller Fehler von Klaus.

Seite 43 Umgang mit Texten

1. keine Lösung
2. 1: D.; 2: C.; 3: A; 4: B

Segeln im Meer der Wörter

Seite 44 Rechtschreibung

1. unwahr; wohl, Lehrer, sehr, Ahnung, obwohl, ihr, nehmt, ohne, mehr
2. ähnlich, Bahn, Hahn, ihn, ihr, Jahr, kahl, Kahn, Kohl, kühl, Lehm, sehr, Sohn, Uhr

Seite 45 Grammatik

1. wahr; Wen oder Was? – Akkusativ, Wen oder Was? – Akkusativ; Wem? – Dativ; Wen oder Was? - Akkusativ
2. wahr; zu – Dativ, trotz – Genitiv, mit – Dativ, an – Akkusativ, aus – Dativ

Seite 46 Ausdruck und Wortschatz

1. z.B. 2. schimpft; 3. nickt; 4. bestätigt; 5. gesteht; 6. freut sich; 7. weiß; 8. ärgert sich

Seite 47 Umgang mit Texten

1. wahr, wahr, wahr

Wolkenkratzer und Pyramiden

Seite 48 Rechtschreibung

1. Rekord – B, eröffnete – erst B, dann A, überragt – B, faszinierendes – A, Wahrzeichen – C, Stadt – erst B, dann A, geklappt – erst B, dann A; Unternehmen – C, höchste – A, Gebäude – B, Wolkenkratzer – A, erdbebenfest – B, errichtet – A, Projekten – A, Stockwerke – erst B, dann A

Seite 49 Grammatik

1. Akkusativ-Objekt (Wen oder Was?), Dativ-Objekt (Wem?), Akk.-Objekt (Wen oder Was?), Akk.-Objekt (Wen oder Was?), Akk.-Objekt (Wen oder Was?), Akk.- Objekt (Wen oder Was?), Dat.-Objekt (Wem?)
2. 1. vor 4500 Jahren – Wann?, im alten Ägypten, nahe Kairo – Wo?, ohne Kräne, Planierraupen oder Elektrowerkzeug – Wie?; 2. 1722 – Wann?, auf der Suche nach unbekanntem Land – Warum?, über die Meere der südlichen Erdhalbkugel – Wohin?, am Ostersonntag – Wann?, im Pazifik – Wo?; 3. in Myanmar in Südostasien – Wo?, auf einem vergoldeten Felsen errichtet – Wo?, auf der Spitze eines anderen Felsens – Wo?; 4. mit einer Länge von 7200 km – Wie?, durch den Norden Chinas – Wohin?, bei täglich acht Stunden Wanderung – Wie?, durchgängig von einem Ende zum anderen – Wie?, zu unterschiedlichen Zeiten – Wann?, meist – Wie?, in der Nähe von Peking – Wo?

Seite 50 Ausdruck und Wortschatz

1. abhängig von Schülerbeiträgen

Seite 51 Umgang mit Texten

1. keine Lösung
2. Reiz, der Erste und Beste zu sein, Nervenkitzel; mit Anzug und gefäschtem Ausweis an Sicherheitsleuten vorbeigeschlichen, Fallschirm in Aktenkoffer versteckt; mehrfach erwischt, aber noch öfter entkommen; von der Jesus-Statue in Rio de Janeiro; mit Frau und Kindern würde er die ganz gefährlichen Sprünge nicht machen

Lösungen

Feste feiern, feste feiern

Seite 52 — Rechtschreibung

1. **Wer lädt ein?**: die Außerirdischen aus der Galaxis der 5b;
Wozu wird eingeladen?: Luxus-Faschingsparty mit Essen, Trinken
Wer wird eingeladen?: Faschingsfreunde des Universums, alle Narren und Närrinnen aus den 5. Klassen sowie Hexenmeister, Zaubernixen, Märchenfeen und Theaterkünstler aus den 6. Klassen, außerdem sechs sympathische Erwachsene aus der Schule
Worüber wird noch informiert?: Zu essen gibt es Echsen-Kekse, Galaxiskrapfen, Fuchs-Plätzchen, Wachs-Brote und andere exotische Köstlichkeiten, zu trinken gibt es Beeren-Tee, Meerwasser-Kaffee, Boxer-Limo, Schnee-Milch und andere Mixgetränke.
Wann?: am 26. Februar, 14.00 Uhr–18.00 Uhr
Wo?: alte Turnhalle der See-Schule

2. **Wörter mit *aa,ee,oo*:** Feen, Beeren, Tee, Meer, Kaffee, Schnee; **Wörter mit *ks*-Laut:** Galaxis, Luxus, Faschings…, Hexen, Nixen, sechs, Erwachsene, Echsen, Kekse, Galaxis, Fuchs, Wachs, exotische, Boxer, Mix; **andere:** Theater, sympathische

3. *aa,ee,oo:* der Aal, das Beet, der Klee, das Moor, das Paar, der Saal, der Speer, die Waage, der Zoo; *ks*-**Laut:** die Achse, der Dachs, das Examen, der Ochse, das Lexikon, der Luchs, die Praxis, tagsüber, wachsen, wechseln; **andere:** das Alphabet, die Apotheke, die Qual, das Quadrat, der Quark, die Strophe

Seite 53 — Grammatik

1. **HS im Satzgefüge:** … kennen wir uns noch nicht so gut; unsere Klassenlehrerin, Frau Adam, hat vorgeschlagen, …; manche Eltern haben schon gesagt, …; die Party sollte in der Turnhalle stattfinden, …; Frau Adam will die Aufsicht übernehmen, …; auch die Schüler der 6. Klassen, …, möchten mit uns feiern; wir versprechen, …; unsere Eltern haben zugesagt, …; wir würden uns sehr freuen, …; **NS im Satzgefüge:** da unsere Klasse erst in diesem Schuljahr neu zusammengestellt wurde, …; … dass wir als Klasse etwas gemeinsam unternehmen sollten; … dass sie Krapfen spendieren und Apfelschorle mitgeben wollen; … damit wir auch alle genug Platz haben; … damit nichts passiert; … die uns in diesem Schuljahr betreuen, …; … dass wir am Ende der Party allen Dreck beseitigen und die Turnhalle wieder aufräumen; … dass sie uns um 18.00 Uhr abholen; … wenn Sie unsere Faschingsparty genehmigen würden

Seite 54 — Ausdruck und Wortschatz

1. abhängig von Schülerbeiträgen

Seite 55 — Umgang mit Texten

1. **Nein:** Halloween ist ein Brauch aus Amerika. Der 31. Oktober sollte als Reformationstag gefeiert werden. Halloween ist reine Geschäftemacherei. Läden wollen nur abkassieren. Die ursprüngliche Bedeutung von Halloween hat heutzutage keine Bedeutung mehr.; **Ja:** Den Kindern bringt Halloween große Freude und ist nach Weihnachten und Ostern das beliebteste Fest in Deutschland. Das Geschäft, das mit Halloween-Artikeln gemacht wird, ist gut für die Wirtschaft und schafft Arbeitsplätze. Und auch die deutschen Bauern freuen sich, dass die jede Menge Kürbisse ernten und verkaufen können.

2. 1. ja; 2. nein; 3. nein; 4. ja

Auf die Plätze, fertig, los …

Seite 56 — Rechtschreibung

1. 1. Baseball, 2. Hockey, 3. Badminton, 4. Schwimmen, 5. Volleyball, 6. Triathlon, 7. Wasserball, 8. Fechtsport, 9. Tennis, 10. Taekwondo, 11. Basketball, 12. Boxen;
Lösungswort: Sommerspiele

Seite 57 — Grammatik

1. Star: gefeierte Persönlichkeit; prominent: bedeutend, allgemein bekannt; dominiert: herrscht vor; Karriere: Aufstieg in Leben und Beruf; Vize: Stellvertreter, an zweiter Stelle; Team: Mannschaft; Top: herausragend, spitzenmäßig

2. prominent, top: Adjektive; dominiert: Verb

3. 2. konsultieren: zu Rate ziehen – Konsultation; 3. konkurrieren: wetteifern – Konkurrenz; 4. konsumieren: verbrauchen – Konsum, Konsument; 5. konservieren: haltbar machen – Konservierung, Konserve; 6. konfrontieren: gegenüberstellen – Konfrontation

4. multiplizieren, dividieren, addieren, subtrahieren

Seite 58 — Ausdruck und Wortschatz

1. in der Reihenfolge ihres Vorkommens: Match, extrem, trainiert, Pyjama, Karriere, chauffiert, Profi, professionell

2. optimieren: einen bestmöglichen Zustand herbeiführen; kommandieren: befehlen; imitieren: nachahmen; konkurrieren: mit anderen im Wettbewerb stehen

Seite 59 — Umgang mit Texten

1. abhängig von Schülerbeiträgen, z.B. **Abschnitt 1:** 16 Huskys in Alaska; **Abschnitt 2:** Whistler – Leithund eines Hundeschlittenteams – in Vorbereitung auf das härteste Rennen der Welt; **Abschnitt 3:** Whistler wird vermisst

Notizen

Personalpronomen erkennen und verwenden

1. Am Abend erzählt der Wirt das Geschehene seiner Frau. Ergänze in dem Text die fehlenden Pronomen.

Stell _____ vor, was _____ heute passiert ist! Kommt da so ein eigenartiger Bursche in die Gaststube. Er kam _____ gleich sehr komisch vor. Ich habe _____ vom besten Wein ein Schöpplein gebracht. Als ich aber den Wein vor _____ hinstelle, sagt _____, ich soll _____ dafür lieber eine Bratwurst bringen. Na gut, denke _____, nehme den Wein, bringe _____ zurück. Nehme eine der leckeren Würste und bringe _____ ihm. Er hat _____ sofort verschlungen. Und dann, _____ denke, _____ traue meinen Augen nicht, steht der Kerl, ohne zu bezahlen, auf und will gehen. An der Tür habe ich _____ gerade noch erwischt. Ich habe _____ gesagt, dass unsere Gäste bezahlen, was von _____ gegessen wurde. Er aber zeigte auf seinen leeren Geldbeutel, entschuldigte sich bei _____ und verschwand.

2. Der Wirt erzählt seiner Frau nicht die Wahrheit. Notiere mögliche Gründe dafür.

_____

_____

3. Und das denkt sich Till. Schreibe die Sätze ab und ersetze die markierten Substantive/Nomen durch Personalpronomen. Achte darauf, dass sich in den Sätzen die Wortfolge ändern kann. Arbeite im Heft.

1. Da habe ich ja <mark>den Wirt</mark> überlistet!
2. Der Wirt hat wohl <mark>die Weisheit</mark> nicht gerade mit Löffeln gefressen.
3. Er wird sicher <mark>solche Späße</mark> nie verstehen.
4. Mir hat aber <mark>das Würstchen</mark> wunderbar geschmeckt.
5. Gern hätte ich <mark>den Wein</mark> auch noch getrunken.
6. Wer weiß, was der Wirt danach <mark>der Frau</mark> erzählt hat.

8 Freche Typen

Redewendungen verstehen, wörtliche Rede umformulieren

1. In den Eulenspiegelgeschichten kommen oft Redewendungen vor. Sie werden in einer übertragenen Bedeutung verwendet. Schreibe auf, wie du die beiden Redewendungen in der Geschichte auf Seite 32 verstehst.

1. Der Wirt hatte die Weisheit nicht gerade mit Löffeln gefressen. (Zeile 2)

_____

2. Das Würstchen aß Till mit Stumpf und Stiel. (Zeile 9)

_____

2. Bei folgenden Redewendungen ist immer nur eine Deutung möglich. Kreuze die richtige an. Die Buchstaben ergeben, nacheinander gelesen, ein Lösungswort.

1. **sich ins Fäustchen lachen**
   - ☐ sich vor Freude in die Hand beißen — **ES**
   - ☐ sich heimlich über einen Vorteil freuen — **SC**

2. **jemanden aufs Glatteis führen**
   - ☐ jemanden irreführen — **H**
   - ☐ einen rutschigen Weg gehen — **U**

3. **durch und durch**
   - ☐ in sehr hohem Maße — **EL**
   - ☐ rasend schnell — **AN**

4. **fix und fertig**
   - ☐ sehr überlegt — **N**
   - ☐ völlig erschöpft — **M**

Lösungswort: ☐ ☐ ☐ ☐ ☐ ☐

3. Gib die Sätze aus der Eulenspiegelgeschichte auf Seite 32 ohne wörtliche Rede wieder. Vervollständige dazu die folgenden Sätze. Ein Beispiel ist vorgegeben.

1. Till Eulenspiegel bat den Wirt, _ihm dafür ein Würstchen zu bringen._

2. Der Wirt betonte, dass es nicht Brauch sei, _____

3. Er verlangte von Till, _____

4. Er habe ihm dafür _____, erklärte Till.

Einen literarischen Text schrittweise erschließen

1. Verschaffe dir zügig einen groben Überblick über den Inhalt des folgenden Textes, indem du von jedem Abschnitt nur den ersten Satz liest. Du solltest durch diese „Schnelllesemethode" – das Anlesen – bereits verstehen, worum es in dem Text insgesamt geht.

Till heilt Kranke (Auszug)

Eines Tages kam Till Eulenspiegel nach Nürnberg. An einer Kirchentür hängte er ein großes Plakat auf, auf dem geschrieben stand „Wunderdoktor in der Stadt". Natürlich war auch das
5 wieder eine List des Schelms. Immerhin musste er ja Geld verdienen.

Nun kam es, dass es in Nürnberg ein Spital gab, das voll belegt war. Der Direktor des Spitals rechnete sich aus, wie viel Geld er sparen
10 könne, wenn er den Wunderdoktor engagieren könnte, um die vielen Kranken zu heilen. Und so ließ er Till Eulenspiegel zu sich kommen. 200 Taler handelte man als Verdienst aus, sollte es ihm gelingen, alle Kranken zu heilen. Das
15 war zu damaliger Zeit ein kleines Vermögen!

Till ließ alle Kranken in einem Saal zusammenkommen und bat alle anderen darum, den Raum zu verlassen. Er benötige Ruhe für seine Heilung, gab er zur Erklärung ab. Als alle Ärzte
20 und Schwestern den Raum verlassen hatten, sprach er zu den Kranken:

„Meine Lieben, es ist so, wer der Kränkste von allen ist, der muss sich für die anderen opfern. Aus ihm stelle ich ein Pulver her, das ich
25 den anderen zur Genesung gebe. Den Kränksten erkenne ich daran, wer zuletzt diesen Raum verlässt, nachdem ich euch aufgefordert habe zu gehen."

Die Kranken atmeten einmal kräftig durch,
30 dann nahmen sie ihre Krücken und Gehhilfen zur Hand und rannten mir nichts dir nichts aus dem Saal heraus. Selbst diejenigen, die schon zehn Jahre und länger das Bett nicht verlassen hatten, schienen plötzlich kerngesund zu sein.

2. Unterstreiche in jedem Abschnitt drei Schlüsselwörter, mit deren Hilfe du die Geschichte wiedergeben könntest.

Rechtschreibung

9 Genial medial

Großschreibung bei Substantivierung/Nominalisierung üben

1. Was sollte eine Schülerzeitung bieten? Unterstreiche in den Sätzen alle substantivierten/ nominalisierten Wörter.

Die Zeitung sollte zum Lesen anregen.

Etwas Lustiges sollte auch dabei sein.

Sie muss Material zum Sammeln liefern.

2. Was gehört in eine Schülerzeitung? Bilde aus den Vorgaben Wortgruppen mit Großschreibung. Ein Beispiel ist vorgegeben.

   Aufgaben   Bilder   Witze   ~~Geschichten~~

   1. schmökern an den Wochenenden *Geschichten zum Schmökern an den Wochenenden*

   2. raten und knobeln _____

   3. lachen und weitererzählen _____

   4. ausschneiden und aufkleben _____

3. Was sollte eine Schülerzeitung außerdem enthalten oder nicht enthalten? Bilde aus den Vorgaben Wortgruppen mit Großschreibung. Ein Beispiel ist vorgegeben.

   ~~etwas~~   viel   nichts   manches

   1. spannend   *etwas Spannendes*

   2. langweilig   _____

   3. lustig   _____

   4. informativ   _____

36

Substantive/Nomen der *n*-Deklination verwenden

1. Ergänze in den folgenden Zeitungsüberschriften die fehlenden Wortendungen.

1. Über die Abstammung des Mensch____ vom Affe____
2. Wissenswertes über den Beruf des Pilot____
3. In der Höhle des Löwe____
4. Alles mit dem Kunde____ und für den Kunde____!

> Einige wenige männliche Substantive/Nomen folgen der **n-Deklination**, z. B. *Bär, Bote, Bauer, Erbe, Hase, Herr, Fürst, Graf, Held, Junge, Kunde, Mensch, Nachbar, Zeuge* sowie einige Fremdwörter wie *Konsonant, Planet, Fotograf, Polizist, Favorit*. Sie enden in allen Kasus (Fällen), außer dem Nominativ Singular, auf *-n* oder *-en*.
> **Achtung:** des Herz<u>ens</u>, des Gedank<u>ens</u>, des Buchstab<u>ens</u>

2. Bilde Wortgruppen. Verwende dabei das zweite Substantiv/Nomen im Genitiv. Markiere den Artikel und die Endung des Substantivs/Nomens. Ein Beispiel ist vorgegeben.

1. die Aussage — ein Polizist — *die Aussage eines Polizisten*
2. die Eltern — der Junge — _____
3. die Entwicklung — ein Mensch — _____
4. die Arbeit — die Studenten — _____
5. der Artikel — der Journalist — _____

3. Ergänze die folgenden Themen aus dem Inhaltsverzeichnis einer Zeitschrift. Nutze dazu die Vorgaben.

1. (unser Präsident) — Eine Menge Interessantes über *unseren Präsidenten*
2. (unser Planet) — Wie jeder helfen kann _____ zu retten
3. (ein Biologe) — Interview mit _____
4. (das Zwergkaninchen) — Hoppel, hoppel, hopp – das Trainingsprogramm _____

9 Genial medial

Meinungen formulieren

1. In den Leserbriefen drücken Schülerinnen und Schüler ihre Meinungen aus. Überarbeite die Briefe, indem du die Einleitungen abwechslungsreicher gestaltest. Arbeite im Heft.

In der Titelgeschichte des letzten Hefts ging es um die Frage „Was kann ich mal werden?"

Lea (11): Ich finde es gut, dass nicht nur die altbekannten Berufe vorgestellt wurden, sondern auch viele, die nicht jeder kennt.

Philipp (13): Ich finde es nicht gut, dass ihr die Berufe gar nicht richtig erklärt habt. Ihr müsstet auch sagen, dass man seinen Berufswunsch nicht zu hoch ansiedeln sollte.

Der Artikel „Mädchen an die Macht" hat viele Leserinnen und Leser beschäftigt.

Julia (11): Ich finde es gut, dass Frauen heute vieles dürfen, was früher nur Männer gemacht haben. Aber viele Männer meinen immer noch, dass Frauen bestimmte Dinge schlechter können, zum Beispiel Auto fahren. Das stimmt aber gar nicht.

Robert (12): Ich finde es nicht gut, dass bei der Aufgabe, bei der man aus Namen Berufe herausfinden soll, nur der Beruf Friseurin auftaucht und alle anderen Berufe auf Männer bezogen sind.

Elena (11): Ich finde es überhaupt nicht gut, dass auf jeder Witze-Seite mindestens ein Blondinen-Witz steht. Ich bin selbst blond und finde solche Witze sehr beleidigend. Deshalb bitte ich euch, in Zukunft keine Blondinen-Witze mehr zu drucken.

2. Lege dir eine Tabelle an und sammle Formulierungen, mit denen du deine Meinung einleiten kannst. Arbeite im Heft. Einige Beispiele sind vorgegeben.

Ich finde gut	Ich finde nicht gut
Mir gefällt, dass ..., Es ist richtig (beeindruckend, gut, gerecht ...), dass ...	Mir gefällt nicht, dass ..., Mir missfällt, dass ... Mich stört, dass ...

Schlüsselwörter in einem Text markieren, Interviewfragen beantworten

1. Lies das Interview mit Vittorio über Freundschaft. Markiere in jedem Abschnitt die Schlüsselwörter.

Freundschaftsfragen

Hier spricht Vittorio, 11, aus Hohenstein bei Wiesbaden über Freundschaft.

Hast du einen besten Freund?
Vittorio: Eigentlich nicht. Ich habe zwar Freunde in der Schule, mit denen ich in der Pause spiele, aber wir sehen uns sonst kaum. Verabreden finde ich nicht so toll, weil es mich eher langweilt.

Was machst du nach der Schule am liebsten?
Vittorio: Ich lebe auf einem Reiterhof mit 40 Pferden, da ist immer was zu tun. Am liebsten schraube ich irgendwas zusammen. Wir haben gerade ein Hühnerhaus gebaut. Und ich fahre gern Traktor. Wenn Ernte ist, wende ich das Heu. Ich bin einfach am liebsten auf dem Hof.

Hat dich schon mal jemand besucht?
Vittorio: Ja, Tim aus der 5. Klasse war einmal hier. Wir sind auf den Heuballen in der Scheune rumgeklettert. Als ich kleiner war, hatte ich einen Freund, der öfter zu mir kam, aber der ist jetzt auf einer anderen Schule.

Was ist dir das Wichtigste bei einer Freundschaft?
Vittorio: Dass man sich gut versteht und sich hilft und den anderen nicht im Stich lässt. In der Schule sind welche, die prügeln sich immer. Es gibt aber auch andere, die sind netter, die sind dann meine Freunde.

Hast du Geschwister?
Vittorio: Ja, eine Schwester, die ist zehn, aber sie macht nicht so viel auf dem Hof wie ich. Sie trifft sich lieber mit Freundinnen.

Hättest du gern einen besten Freund?
Vittorio: Ja, aber das mit dem Verabreden, das finde ich halt eher langweilig. Lieber möchte ich allein sein, da kann ich machen, was ich will.

Was machst du sonst noch alles?
Vittorio: Im Herbst pflücke ich Äpfel und mache Apfelsaft. Und oben bei der Scheune habe ich einen kleinen Gemüsegarten angelegt und ziehe Tomaten, Salat und Radieschen. Den Garten habe ich eingezäunt, damit meine Katze und die Schnecken nicht drankommen. (…)

Was war bisher dein größtes Abenteuer?
Vittorio: Mein Vater wohnt seit zwei Jahren in der Schweiz. Ich war in den Sommerferien bei ihm, und wir sind mit seinem Sportflugzeug über das Matterhorn geflogen. (…)

2. Nun beantworte du die Interviewfragen schriftlich. Arbeite im Heft.

10 Sprachakrobatik

Mitsprechen als Rechtschreibhilfe anwenden

1. Diktiere einer Partnerin oder einem Partner den folgenden Text als Roboterdiktat übertrieben deutlich. Sage die Kommas an.

> **Mitsprechen der Wörter beim Schreiben**
>
> Sprich beim Schreiben mit, so schreibst du kaum etwas falsch.
> Mitsprechen ist eine einfache Arbeitstechnik:
> 1. Schreibe langsam, schreibe schön.
> 2. Sprich beim Schreiben Laut für Laut leise mit.
> 3. Sprich Silbe für Silbe leise wie ein Roboter mit.
>   Betone jede Silbe.
> 4. Lies nach jeder Silbe, nach jedem Wort,
>   was du geschrieben hast.
> 5. Berichtige falsch geschriebene Wörter.

2. Jede der folgenden Zeilen enthält ein fehlerhaftes Wort. Spüre den Fehler auf und markiere ihn.

1. RechtschreibungRechtschreibungRechschreibungRechtschreibungRechtschreibung
2. FlüchtigkeitsfehlerFlüchtigkeitsfehlerFlüchtigkeitsfehlerFlüchtigkeitfehlerFlüchtigkeitsfehler
3. Robotersprache RobotersparcheRobotersprache RobotersparcheRobotersprache Robotersprache

3. In jeder Strophe des folgenden Gedichtes gibt es zwei Druckfehler. Suche und markiere sie.

Lügen-Ballade

Im Apfelbaum, im Apfebaum,
da schaukeln sanft Zitronen.
Es schauket auch das weiche Nest,
in dem Giraffen wohnen.

5 Die fressen die Bananen auf
un schmatzen um die Wette.
Sobald die Pflaumen alle sin,
gehn sie ganz leis zu Bette.

Wer sie dort schnarchen hören will,
10 der darf sie nur nich stören.
Die können selbst im tieften Schlaf
das Mondkalb atmen hören.

Im Apfelbaum, im Apfelbanm,
da schaukeln sanft Zitronen.
15 Es schaukelt auch das weiche Nest,
in dem Girafen wohnen.

Wer sagt, er sah sie dort nuch nie,
dem fehlt – sehr eifach – Fantasie.

Zusammengesetzte und abgeleitete Wörter bilden

1. Unterstreiche, was in den folgenden Zeilen nicht essbar ist. Du kannst ein Wörterbuch benutzen.

1. Klarapfel | Augapfel | Granatapfel | Zankapfel | Adamsapfel | Paradiesapfel | Erdapfel
2. Stopfpilz | Steinpilz | Butterpilz | Giftpilz | Fliegenpilz | Rauchpilz
3. Kartoffelkloß | Trauerkloß | Grießkloß | Fleischkloß | Semmelkloß
4. Nudelsalat | Gurkensalat | Wortsalat | Tomatensalat

2. Bilde mit jedem Grundwort aus Aufgabe 1 ein zusammengesetztes Substantiv/Nomen, bei dem es Bestimmungswort ist. Ein Beispiel ist vorgegeben.

_1. Apfelkuchen, 2. _____

_____

> **Zusammengesetzte Wörter** sind aus zwei oder mehreren Wörtern zusammengesetzt. Sie bestehen aus Grund- und Bestimmungswort. Das Grundwort steht immer an letzter Stelle und bestimmt die Wortart des neuen Wortes.
>
> Bei **abgeleiteten Wörtern** kann der Stamm eines Wortes durch Präfixe (Vorsilben) oder Suffixe (Nachsilben) erweitert werden.

3. Überlege, welche Grundwörter hier fehlen, und ergänze die Tierbezeichnungen. Ein Beispiel ist vorgegeben.

1. Wetter _frosch_
2. Fleisch _____
3. Draht _____
4. Bücher _____
5. Frech _____
6. Dreck _____

4. In den folgenden Wortgruppen wurden die Adjektive falsch abgeleitet. Berichtige sie. Ein Beispiel ist vorgegeben.

1. eine verständige Bitte — _eine verständliche Bitte_
2. eine ungläubige Meldung — _____
3. ein furchtsames Unwetter — _____
4. ein herzliches Frühstück — _____
5. schreckhafte Aufregung — _____

10 Sprachakrobatik

Wörter richtig bilden, die korrekte Wortstellung erkennen

1. Welche der folgenden europäischen Bezeichnungen wurden falsch gebildet? Unterstreiche und berichtige sie. Ein Beispiel ist vorgegeben.

1. Finnland	Finne	<u>finnländisch</u>	*finnisch*
2. Norwegen	Norwege	norwegisch	_____
3. Spanien	Spanienser	spanisch	_____
4. Italien	Italiener	italisch	_____
5. Frankreich	Franke	fränkisch	_____
6. Deutschland	Deutschländer	deutsch	_____
7. Polen	Pole	polisch	_____

2. In den folgenden Sätzen stimmt die Wortstellung nicht. Berichtige die Formulierungen. Überlege zunächst, worauf sich die markierten Wörter beziehen, und bringe sie dann an die richtige Stelle im Satz.

1. In der Schillerschule haben Eltern, Lehrer und Schüler ==im Werte von 5000 Euro== einen Speiseraum geschaffen.

   _____
   _____

2. Urlauber! Ab sofort bis Oktober Übernachtungsmöglichkeiten für zwei Personen ==mit fließend warmem und kaltem Wasser==.

   _____
   _____

3. Im Heft befanden sich die Korrekturen aller Fehler ==des Lehrers== von Klaus.

   _____
   _____

Ein Gedicht vortragen, Textinhalte detailliert erschließen

1. Lies das Gedicht von Heinz Ehrhardt mehrmals. Trage es anschließend laut und betont vor.

Heinz Ehrhardt: Die polyglotte* Katze

*polyglott: mehrsprachig

Die Katze sitzt vorm Mauseloch,
in das die Maus vor kurzem kroch,
und denkt: „Da wart nicht lang ich,
die Maus, die fang ich!"
5 Die Maus jedoch spricht in dem Bau:
„Ich bin zwar klein, doch bin ich schlau!
ich rühr mich nicht von hinnen,
ich bleibe drinnen!"
Da plötzlich hört sie – statt „miau" –
10 ein laut vernehmliches „Wau-wau"
und lacht: „Die arme Katze,
der Hund, der hatse!
Jetzt muss sie aber schleunigst flitzen,
anstatt vor meinem Loch zu sitzen!"
15 Doch leider – nun, man ahnt's bereits –
war das ein Irrtum ihrerseits,
denn als die Maus vors Loch hintritt –
es war nur ein ganz kleiner Schritt –
wird sie durch Katzenpfotenkraft
20 hinweggerafft! – – –

Danach wäscht sich die Katz die Pfote
und spricht mit der ihr eignen Note:
„Wie nützlich ist es dann und wann,
wenn man 'ne fremde Sprache kann …!"

2. Ordne den folgenden Witzen die richtige Pointe (Höhepunkt) zu, indem du jeweils den passenden Buchstaben in das Kästchen einträgst.

1. Der Lehrer fordert die Schüler auf: „Nennt mir vier Tiere der Wüstenregion!"

2. Schweinchen Rosa fragt Schweinchen Schlau: „Was mag wohl mal aus uns werden?"

3. Beim Arzt klingelt das Telefon: „Kommen Sie schnell, mein Bruder hat den Flaschenöffner verschluckt!" Als der Arzt gerade aus dem Zimmer will, da klingelt es wieder:

4. Kommt ein Frosch in den Laden. Fragt die Verkäuferin: „Was darf es denn sein?" Frosch:

A „Hat sich erledigt. Ich habe einen anderen gefunden."

B „Quark."

C „Ach, das ist doch Wurst!"

D „Ein Kamel und drei Löwen."

Rechtschreibung

11 Segeln im Meer der Wörter

Wörter mit Dehnungs-*h* richtig schreiben

Ebbe und Flut im Sandmeer

Käpt'n Blaubär erzählt seinen Enkeln von den unglaublichsten Dingen. Am Ende jeder Geschichte stellt sich allerdings die Frage: Ist sie wahr oder unwahr?

„Wer hat euch denn den blanken Unsinn erzählt?", fragt Käpt'n Blaubär seine drei Enkel. „Wohl wieder diese Landratte von Lehrer. Vom Meer hat er eben keine sehr große
5 Ahnung. Na, dann passt mal auf! Ebbe und Flut gibt es nicht nur im Meer, sondern auch im Sandmeer, also in der Wüste. Genau wie sich der Meeresspiegel hebt und senkt, senken und heben sich auch die Dünen, obwohl ihr
10 das nicht merkt. Daher spricht man ja auch vom Sandmeer. Oder nehmt die Kamele. Man nennt sie nicht ohne Grund Wüstenschiffe. Noch mehr Beweise?"

☐ wahr   ☐ unwahr

1. In dem Text kommen zehn Wörter mit einem Dehnungs-*h* vor. Suche und unterstreiche sie. Stelle fest, vor welchen Buchstaben das *h* in den Wörtern steht und ordne sie in die folgende Tabelle ein.

hl	hm	hn	hr
erzählt			

2. Lege dir ein Alphabetarium (eine alphabetisch geordnete Wörtersammlung) mit *h*-Wörtern an. Bringe dafür zunächst folgende Wörter in alphabetische Reihenfolge und ergänze deine Sammlung dann nach und nach. Arbeite im Heft.

> Nach lang gesprochenem *a, e, i, o, u, ä, ö, ü* steht manchmal ein unhörbares *h*. Dieses *h* kommt nur vor *l, m, n* und *r* vor. Es steht nie am Silbenanfang (*Ruhe* oder *gehen*); du kannst es deshalb auch nicht hörbar machen. Wörter mit unhörbarem *h* musst du dir nach und nach einprägen.

Grammatik

Den richtigen Kasus erkennen

1. Kreuze an, ob du die Geschichte für wahr oder unwahr hältst. Ergänze dann die beiden letzten Spalten der folgenden Tabelle.

Das Wissen des Seefahrers

„Ob ich Latein kann, wollt ihr wissen?", faucht Käpt'n Blaubär die drei kleinen Bärchen an. „Wer so lange zur See gefahren ist wie ich, der beherrscht die lateinische Sprache! Also los, sagt mir ein Wort, und ich werde
5 es euch übersetzen. Pupille? Das runde Ding, das man im Auge hat? Kein Problem, das Wort ‚Pupille' bedeutet wörtlich übersetzt ‚kleines Mädchen'.
Na, was sagt ihr nun?"

☐ wahr   ☐ unwahr

Substantiv/ Personalpronomen	Verwendung im Satz	Frage	Kasus
des Seefahrers	Das Wissen des Seefahrers	Wessen?	Genitiv
die Bärchen	... faucht Käpt'n Blaubär die Bärchen an.		
die Sprache	... der beherrscht die lateinische Sprache		
mir	... sagt mir ein Wort ...		
es	... ich werde es euch übersetzen		

2. Kreuze an, ob du die folgende Geschichte für wahr oder unwahr hältst. Markiere in dem Text alle fünf Präpositionen und notiere, welchen Kasus sie verlangen. Arbeite im Heft.

Das Dorf Kanada

„Da hat Hein Blöd komischerweise und völlig überraschend Recht", freut sich Käpt'n Blaubär und sieht verschmitzt zu seinen drei kleinen Enkeln, „Großbritannien ist trotz
5 seines großen Namens ein ziemlich kleines Land. Aber es gibt ja auch große Länder mit sehr kleinen Namen. Denk bloß mal an Kanada. Der Name dieses wahrlich riesigen Lands stammt aus der Sprache der Huronen-
10 Indianer und bedeutet nichts als ‚Dorf'. Ein sehr großes Dorf, wie ich finde."

☐ wahr   ☐ unwahr

45

Ausdruck und Wortschatz

11 Segeln im Meer der Wörter

Redebegleitende Verben verwenden

1. Lies, wie Käpt'n Blaubär seine Geschichten beginnt. Setze jeweils ein passendes Verb ein, indem du die Vorgaben nutzt. Manchmal sind mehrere Lösungen möglich. Ein Beispiel ist vorgegeben.

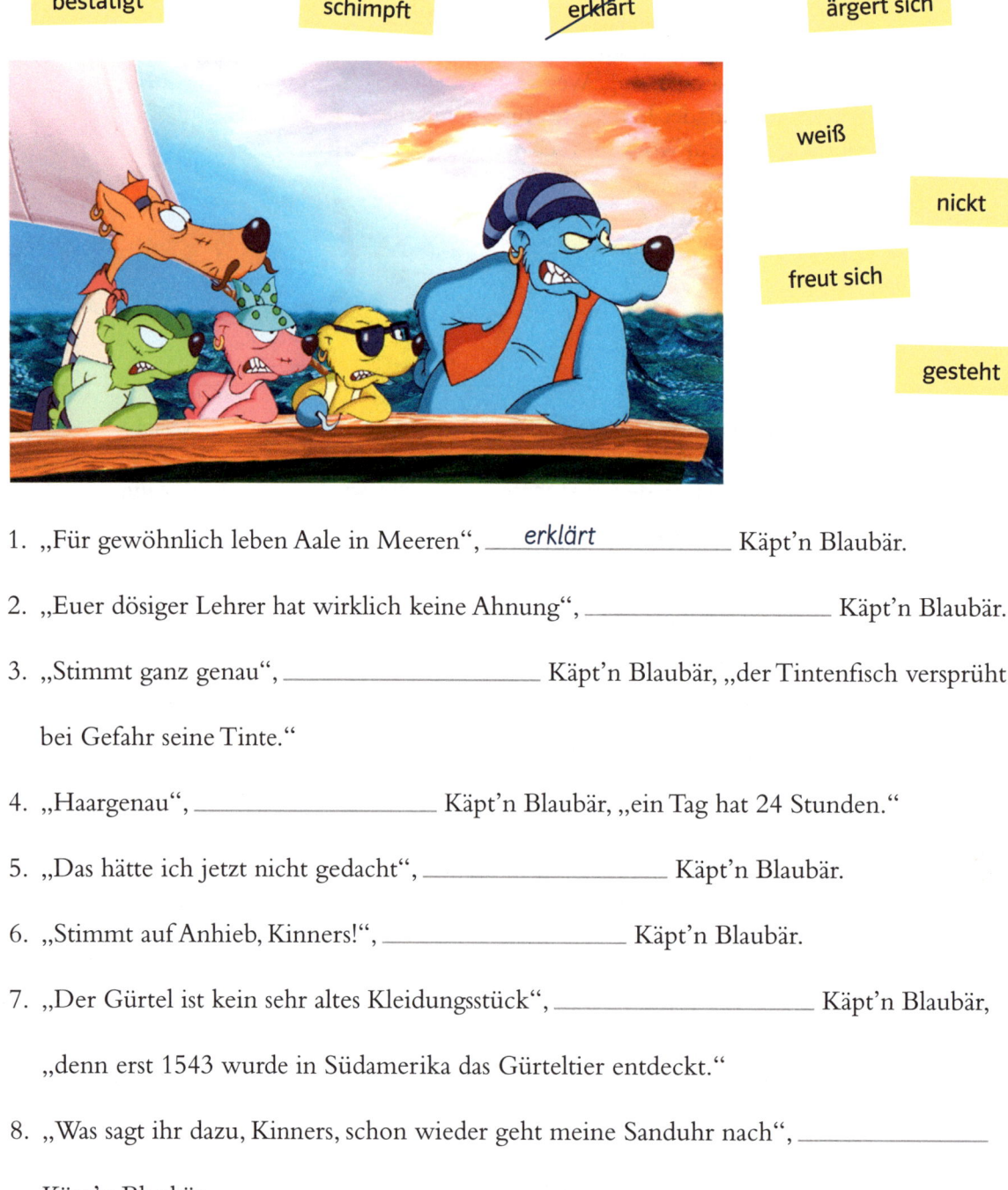

bestätigt   schimpft   ~~erklärt~~   ärgert sich   weiß   nickt   freut sich   gesteht

1. „Für gewöhnlich leben Aale in Meeren", __erklärt__ Käpt'n Blaubär.

2. „Euer dösiger Lehrer hat wirklich keine Ahnung", _____ Käpt'n Blaubär.

3. „Stimmt ganz genau", _____ Käpt'n Blaubär, „der Tintenfisch versprüht bei Gefahr seine Tinte."

4. „Haargenau", _____ Käpt'n Blaubär, „ein Tag hat 24 Stunden."

5. „Das hätte ich jetzt nicht gedacht", _____ Käpt'n Blaubär.

6. „Stimmt auf Anhieb, Kinners!", _____ Käpt'n Blaubär.

7. „Der Gürtel ist kein sehr altes Kleidungsstück", _____ Käpt'n Blaubär, „denn erst 1543 wurde in Südamerika das Gürteltier entdeckt."

8. „Was sagt ihr dazu, Kinners, schon wieder geht meine Sanduhr nach", _____ Käpt'n Blaubär.

Einen Textinhalt verstehen und beurteilen

1. Lies weitere Geschichten von Käpt'n Blaubär und überlege, ob sie wahr oder unwahr sind. Kreuze an.

Peinliches Pumpernickel

„Na endlich gibt es mal wieder richtiges Brot zu essen", freut sich Käpt'n Blaubär. „In den letzten Tagen gab es ja immer bloß Weißbrot. Wahrscheinlich bin ich schon ganz weiß im Gesicht und habe schon fast keine Verdauung mehr. Das hat jetzt ein Ende, denn heute gibt es Pumpernickel. Da geht es wieder ab mit der Verdauung. Übrigens fällt mir dabei ein, was das Wort Pumpernickel eigentlich bedeutet, nämlich so viel wie ‚Furzheini'. Tja, da stimmt eben die Verdauung."

☐ wahr   ☐ unwahr

Kühe sind Feinschmecker

„Einfach wunderbar", schwärmt Käpt'n Blaubär und nimmt sich den nächsten Hering aus der Matjestonne. „Also diese Matjes zergehen wirklich auf der Zunge. Die schmecken fast so frisch wie der Ostwind vor Grönland. Es ist nur schade, dass ich so wenig Geschmacksknospen auf der Zunge habe. Aber was soll's, die Menschen haben ja auch nur so um die 8.000. Wenn man allerdings eine Kuh wäre, könnte man viel mehr schmecken, denn eine Kuh hat 35.000 Geschmacksknospen auf ihrer Zunge! Tja, Kühe sind eben echte Feinschmecker."

☐ wahr   ☐ unwahr

Der Erfinder des Gullys

„Wie die Erfindungen zu ihren Namen kommen?", wiederholt Käpt'n Blaubär die Frage der drei kleinen Bärchen. „Das kann ich euch sagen. Die meisten Erfindungen werden nämlich nach ihren Erfindern benannt. Etwa Röntgenstrahlen, die nach Wilhelm Conrad Röntgen benannt wurden. Genau daher rühren die komischen Namen mancher Dinge. Zum Beispiel der Gully. Der verdankt seinen Namen nämlich dem Münchner Straßenbaumeister Friedrich Johann Gully, der den Kanalabfluss im Jahre 1889 erfunden hat.

☐ wahr   ☐ unwahr

Rechtschreibung

12 Wolkenkratzer und Pyramiden

Rechtschreibstrategien anwenden

1. In jedem der folgenden Texte gibt es acht Fehlerwörter. Suche und markiere sie. Schreibe sie richtig auf. Notiere dahinter entweder **A** (Das Wort kann ich durch Mitsprechen richtig schreiben.) oder **B** (Das Wort kann ich durch Ableiten richtig schreiben.) oder **C** (Die Schreibweise dieses Wortes muss ich mir einprägen.). Ein Beispiel ist vorgegeben.

Burj Chalifa

Den Titel „Höchstes Gebäude der Welt" kann kein Bauwerk lange für sich verbuchen. Immer neue Wolkenkratzer entstehn und beanspruchen diesen Rekort für sich. Der 2010 eröffnete Burj Chalifa in Dubai überrakt mit 828 m Höhe vorherige Rekordhalter um mehr als 300 m.
Der Burj Chalifa ist nicht nur ein fazinierendes Warzeichen und ein Rekordbrecher. Dubais Stadtväter ließen ihn unter anderem bauen, um ihre Statt bekannter zu machen und publikumswirksam Touristen anzulocken. Das hat geklapt!

entstehen – A,

838-Meter-Fertighaus soll in 90 Tagen stehen

Wofür andere Jahre brauchen, will ein chinesisches Unternemen in drei Monaten schaffen: das höchte Gebeude der Welt zu errichten.
838 Meter hoch soll der Wolkenkrazer werden und ertbebenfest sein. Schon einmal hat die Firma in Rekordzeit einen Wohnturm errichtet. Die Firma hat Erfahrung mit solchen Projektn. Sie hat bereits ein 15-stöckiges Gebäude binnen einer Woche und ein 30 Stokwerke hohes Hotel innerhalb von 15 Tagen errichtet.

Objekte und Adverbialbestimmungen erkennen

1. Lies die folgenden Texte über beeindruckende Bauwerke und bestimme die unterstrichenen Satzglieder mithilfe der Satzglied-Fragen.

1. Die Griechen legten <u>sieben unglaublich faszinierende Plätze</u> fest, die es unbedingt zu besuchen galt. Sie sind <u>jedem</u> als die sieben Weltwunder bekannt. Eines von ihnen ist die Cheops-Pyramide in Gizeh. Sie entstand vor 4500 Jahren im alten Ägypten, nahe Kairo. Ohne Kräne, Planierraupen oder Elektrowerkzeug schnitten, formten und beförderten die Ägypter mehr als zwei Millionen Steinblöcke.

2. 1722 segelte der Entdecker Jakob Roggeveen auf der Suche nach unbekanntem Land über die Meere der südlichen Erdhalbkugel. Er fand am Ostersonntag <u>eine winzige Vulkaninsel</u> im Pazifik, <u>die Osterinsel</u>. Das Bemerkenswerteste an dieser Insel sind die riesigen, bis zu 22 m hohen Steinstatuen, die Moai.

3. Die berühmte Goldener-Fels-Pagode befindet sich in Myanmar in Südostasien. Die Pagode wurde auf einem vergoldeten Felsen errichtet. Dieser balanciert auf der Spitze eines anderen Felsens. Weil der Fels, auf dem die Pagode gebaut wurde, freisteht, wackelt er leicht auf seinem Sockel, wenn man <u>ihn</u> anstößt.

4. Die unglaublich lange Chinesische Mauer zieht sich mit einer Länge von 7200 km durch den Norden Chinas. Wollte man sie erwandern, würde das bei täglich acht Stunden Wanderung sieben Monate dauern. <u>Die Mauer</u> kann man allerdings gar nicht durchgängig von einem Ende zum anderen erwandern. Sie setzt sich aus vielen verschiedenen Abschnitten zusammen. Die Chinesen errichteten <u>die einzelnen Abschnitte</u> zu unterschiedlichen Zeiten. <u>Den Touristen</u> sind meist die Abschnitte in der Nähe von Peking bekannt.

> **Objekte bestimmen:**
> *Wem?* → Dativobjekt
> *Wen?* oder *Was?* → Akkusativobjekt
>
> **Adverbialbestimmungen erkennen:**
> *Wann? Wie lange?* → Zeit
> *Wo? Wohin?* → Ort
> *Warum?* → Grund
> *Wie?* → Art und Weise

2. Suche mithilfe von W-Fragen alle Adverbialbestimmungen in den Texten und schreibe sie heraus. Arbeite im Heft.

12 Wolkenkratzer und Pyramiden

Wertende Adjektive und Partizipien verwenden

1. Lies die folgenden Sätze und ergänze mithilfe der Vorgaben passende Wörter. Manchmal musst du die Adjektive auch steigern. Nutze möglichst viele verschiedene Wörter. Ein Beispiel ist vorgegeben.

beeindruckend — gewaltig — atemberaubend — unglaublich — wundervoll — groß — luxuriös — gigantisch — berühmt — ~~faszinierend~~ — mächtig — außergewöhnlich

Wenn du dich umsiehst, wirst du feststellen, dass wir Menschen einfach nicht aufhören können, _faszinierende_ Dinge zu bauen, zu gestalten und zu erfinden. Hier findest du einige davon.

1. In Mexiko, dem Land der alten Majas und Azteken, gibt es auch Pyramiden.
   Die _____ finden sich in der Maya-Ruinenstätte Chichén Itzá.

2. In Rom sind viele Gebäude aus altrömischer Zeit erhalten. Das Kolosseum ist das _____ _____ von allen. Dieses _____ Amphitheater ist ein Freiluftstadion, in dem die Römer ihre Sportveranstaltungen und Spiele veranstalten konnten.

3. Das Taj Mahal in der Nähe von Agra (Indien) ist eines der _____ Gebäude der Welt. Es ist ein im 17. Jahrhundert errichtetes Grabmal, das wahrscheinlich _____ _____ der Welt.

4. Wahrzeichen des antiken, im Meer versunkenen Alexandria war ein _____ Leuchtturm namens Pharos. Taucher haben Reste von Pharos gefunden.

Das Wesentliche eines Textes erkennen

1. Lies das folgende Interview mit dem Österreicher Felix Baumgartner. Er ist Base-Jumper und springt mit dem Fallschirm von Hochhäusern, Denkmälern und Brücken.

Ich wäre gern ein Vogel

Am 4. Januar 2010 wurde der Burj Chalifa eröffnet und nur einen Tag später brachen zwei Base-Jumper den Weltrekord für einen Fallschirmsprung von einem Gebäude, indem sie von dort heruntersprangen.

Du springst von Brücken, Wolkenkratzern, Felsen und Denkmälern. Im Gegensatz zu normalen Fallschirmspringern öffnest du erst in allerletzter Sekunde den Fallschirm. Warum?

5 **Baumgartner:** Was für andere unmöglich erscheint, ist für uns der Reiz. Ich will der Erste und Beste sein, beim Sprung von den höchsten Brücken, schönsten Gebäuden – oder beim Sturz in die tiefste und dunkelste Schlucht.
10 Aber das ist noch nicht der ganze Nervenkitzel. Basejumpen ist nämlich verboten, und viele Gebäude sind schwer bewacht.

… wie zum Beispiel die Petronas Towers in Malaysia. Wie bist du da auf das Dach gekommen?
15 **Baumgartner:** Ich habe mir einen Anzug besorgt und mich mit einem gefälschten Ausweis an den Sicherheitsleuten vorbeigeschlichen. Den Fallschirm hatte ich in einem Aktenkoffer versteckt.

20 *Bist du schon mal erwischt oder verhaftet worden?*
Baumgartner: Mehrfach. Einmal saß ich sogar eine Woche im Gefängnis. Aber noch öfter bin ich entkommen: Nach einem Sprung von einem 190 Meter hohen Gebäude in Schweden
25 habe ich die Polizei erst auf einem Motorrad abgehängt – und bin dann in einem Schnellboot nach Dänemark geflohen.

Welcher Sprung war dein schönster?
Baumgartner: Der von der Jesus-Statue in Rio
30 de Janeiro. Erst habe ich mit der Armbrust ein Seil über den Arm der Statue geschossen, dann bin ich daran hochgeklettert. Die Idee kam mir übrigens bei einem James-Bond-Film. Dieser Sprung machte mich von einem Niemand zu
35 einem Jemand: Am nächsten Tag war ich auf den Titelseiten der Zeitungen in aller Welt. (…)

Jeder Sprung kann dein letzter sein. Bist du deshalb nicht verheiratet und hast keine Kinder?
Baumgartner: Wenn ich eine Frau und Kinder
40 hätte, würde ich mich nicht trauen, die ganz gefährlichen Sprünge zu machen. Aber ich wünsche mir eine Familie: Deshalb habe ich mir fest vorgenommen, nach dem nächsten Sprung aufzuhören.

Nach seinem Stratosphärensprung 2012 zog sich Baumgartner aus dem Extremsport zurück.

2. Überprüfe, ob du alles verstanden hast. Gib dafür auf jede Interviewfrage den wesentlichen Inhalt der Antwort mündlich wieder. Schaue dabei aber nicht in den Text. Du kannst dich auch von einer Partnerin oder einem Partner abfragen lassen.

Rechtschreibung

13 Feste feiern – feste feiern

Wörter mit besonderer Schreibung üben

1. Lies die Einladung und fülle aus.

Wer lädt ein? _____ Wo? _____

Wozu wird eingeladen? _____ Wann? _____

Wer wird eingeladen? _____

Worüber wird noch informiert? _____

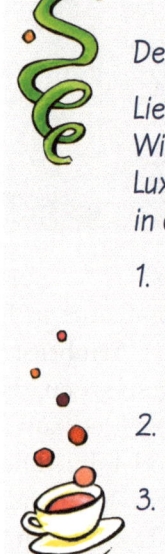

Der Mars lebt!

Liebe Faschingsfreunde aus dem Universum!
Wir, die Außerirdischen aus der Galaxis der 5b, laden euch zu unserer Luxus-Faschingsparty ein. Sie soll am 26. Februar, 14.00 Uhr – 18.00 Uhr in der alten Turnhalle der See-Schule stattfinden.

1. Eingeladen sind alle Narren und Närrinnen aus den 5. Klassen sowie Hexenmeister, Zaubernixen, Märchenfeen und Theaterkünstler aus den 6. Klassen und außerdem auch sechs sympathische Erwachsene aus unserer Schule.
2. Zu essen gibt es Echsen-Kekse, Galaxiskrapfen, Fuchs-Plätzchen, Wachs-Brote und andere exotische Köstlichkeiten.
3. Zu trinken gibt es Beeren-Tee, Meerwasser-Kaffee, Boxer-Limo, Schnee-Milch und andere Mixgetränke.

2. Die Einladung enthält eine Reihe von Wörtern mit besonderer Schreibung, die du dir einprägen musst. Übernimm die folgende Tabelle in dein Heft und trage Wörter mit Rechtschreibbesonderheiten ein. Bei Zusammensetzungen trage nur das betreffende Wort ein. Ein Beispiel ist jeweils vorgegeben.

Wörter mit *aa, ee, oo*	Wörter mit *ks*-Laut (*chs, x, ks, cks, gs*)	andere (z. B. mit *y, th, ph, qu*)
der See	die Galaxis, der Luxus	die Party

3. Ergänze in deiner Tabelle auch die folgenden Wörter mit Artikel.

Aal | Achse | Alphabet | Apotheke | Beet | Dachs | Examen | Klee | Moor | Ochse | Lexikon | Luchs | Paar | Praxis | Qual | Quadrat | Quark | Saal | Speer | Strophe | tagsüber | Waage | wachsen | wechseln | Zoo

In Satzgefügen Haupt- und Nebensätze erkennen

1. Lies den folgenden Brief an den Schulleiter. Unterstreiche in den Satzgefügen alle Hauptsätze mit einer geraden Linie und alle Nebensätze mit einer Wellenlinie. Ein Beispiel ist vorgegeben.

An den Schulleiter der See-Schule, Herrn Dr. Richter

Sehr geehrter Herr Dr. Richter,
als Klassensprecher der Klasse 5b wende ich mich heute mit einer besonderen Bitte an Sie.
~~Weil die Klasse 5b am Freitag, dem 26.2.2013, eine Faschingsparty veranstalten möchte~~, __bitte ich Sie herzlich um die Genehmigung dafür__.
Da unsere Klasse erst in diesem Schuljahr neu zusammengestellt wurde, kennen wir uns noch nicht so gut. Es gibt zum Beispiel noch einige Außenseiter. Unsere Klassenlehrerin, Frau Adam, hat vorgeschlagen, dass wir als Klasse etwas gemeinsam unternehmen sollten. Deshalb sind wir auf die Idee mit der Faschingsparty gekommen.
Die Party sollte nach Schulschluss um 14.00 Uhr beginnen und um 18.00 Uhr zu Ende sein. Manche Eltern haben schon gesagt, dass sie Krapfen spendieren und Apfelschorle mitgeben wollen.
Die Party sollte in der Turnhalle stattfinden, damit wir auch alle genug Platz haben. Frau Adam will die Aufsicht übernehmen, damit nichts passiert. Auch die Schüler der 6. Klassen, die uns in diesem Schuljahr betreuen, möchten mit uns feiern. Wir versprechen, dass wir am Ende der Party allen Dreck beseitigen und die Turnhalle wieder aufräumen.
Unsere Eltern haben zugesagt, dass sie uns um 18.00 Uhr abholen. Wir würden uns sehr freuen, wenn Sie unsere Faschingsparty genehmigen würden.
Ich danke Ihnen schon im Voraus im Namen der Klasse 5b.

Mit freundlichen Grüßen
Bastian Rolff

> **Satzgefüge** bestehen aus mindestens einem Hauptsatz und mindestens einem Nebensatz. Haupt- und Nebensatz werden durch Komma getrennt.
>
> Der **Hauptsatz** kann für sich allein stehen. Das finite (gebeugte) Verb steht in der Regel als zweites oder als erstes Satzglied. Der **Nebensatz** kann nicht für sich allein stehen. Das finite (gebeugte) Verb steht am Ende des Nebensatzes. Der Nebensatz wird durch Wörter wie *als, da, damit, dass, weil* oder *wenn* eingeleitet.

13 Feste feiern – feste feiern

Den schriftlichen Ausdruck verbessern

1. Hier wurden Einladungen von Schülern geschrieben. Überarbeite sie, indem du den Ausdruck verbesserst. Dinge, die für den Eingeladenen ohne Bedeutung sind, kannst du weglassen.

Liebe Anja,

am 14. Juni feiere ich meinen Geburtstag im Schwimmbad, für dem ich dich auch herzlich einlade.
Bitte vergiss Badezeug, ein Handtuch und viel gute Laune nicht.
Wir treffen uns gleich nach der Schule.
Um 19.00 Uhr bringen dich meine Eltern unbedingt nach Hause.
Ich bin schon sehr froh auf deinen Besuch.

Manuela

Großes Faschingsfest

Unter dem Motto „Jetzt geht die Party richtig los" laden wir Sie, liebe Frau Wendel, am 22. Februar in die Aula unserer Schule zu unserer Faschingsparty um 16.00 Uhr ein.
Falls Sie gerne kommen wollen, müssen Sie sich aber unverzüglich bis 15. Februar bei unserem Festkomitee anmelden, das aus einem Schüler aus allen 5. Klassen besteht, und zwar Tim aus unserer Klasse.
Weitere Infos können Sie im Klassenraum der 5a lesen. Wichtig wäre noch, dass Sie auch ein Kostüm anhaben.

Benjamin

Unterschiedliche Meinungen erfassen und wiedergeben

1. Sollten wir Halloween feiern? Darüber gibt es offenbar unterschiedliche Meinungen. Überfliege die beiden Texte in jeweils zwei Minuten und gib danach wieder, wie die Gegner und Befürworter ihre Ansichten begründen.

NEIN

Mich ärgert, dass ein Brauch aus Amerika unseren Reformationstag verdrängt. Dieser Tag wird von den evangelischen Christen am 31. Oktober gefeiert, sie erinnern damit an die
5 Erneuerung der Kirche durch Martin Luther. Luther war ein Mönch, der vor fast 500 Jahren ein Schriftstück an die Kirchentür in der Stadt Wittenberg genagelt hat. Darin stand, was alles in der Kirche nicht gut ist und was verändert
10 werden muss. Das war eine mutige Tat. Daran sollten wir am 31. Oktober denken. Halloween hingegen ist reine Geschäftemacherei. Die Kaufhäuser dekorieren ihre Schaufenster mit Halloween-Artikeln, damit die Eltern sie
15 für ihre Kinder kaufen und die Läden kräftig abkassieren können.
Halloween stammt aus einer Zeit, als die Menschen noch an Geister glaubten. Die Menschen hatten damals Angst, dass im Herbst, wenn sie
20 ihre Tiere von den Weiden in die Ställe brachten, die Toten aus ihren Gräbern steigen könnten. Mit Feuern und Gruselkostümen haben sie dann versucht, die Toten zu vertreiben.

JA

Auf das Gruselfest im Herbst freuen sich Kinder überall in Deutschland. Halloween ist ein Riesenspaß und völlig harmlos. An diesem Tag dürfen Kinder Schabernack treiben, Süßigkei-
5 ten essen und ihre Nachbarn erschrecken. Warum sollte man ihnen diese Freude nehmen? Außerdem ist Halloween aus dem deutschen Kalender gar nicht mehr wegzudenken. Denn die Grusel-Party steht auf Platz drei der belieb-
10 testen Feste hierzulande, gleich nach Weihnachten und Ostern. Ich gebe gern zu, dass all die Kostüm-, Süßigkeiten- und Spielwarenhersteller Geld an Halloween verdienen: Über 200 Millionen Euro werden jedes Jahr mit dem
15 Verkauf von Halloween-Artikeln und Partys in Deutschland umgesetzt. Das ist gut für die Wirtschaft und schafft neue Arbeitsplätze. Und auch die deutschen Bauern freuen sich: Sie ernten im Herbst riesige Mengen Kürbisse. 9390
20 Tonnen waren es allein im vergangenen Jahr.

2. Lies die beiden Texte noch einmal genauer. Kreuze an, ob die folgenden Inhalte in den Texten vorkommen oder nicht.

	Ja	Nein
1. Halloween ist ein amerikanischer Brauch.	☐	☐
2. Halloween wird von evangelischen Christen am 31. Oktober gefeiert.	☐	☐
3. Halloween ist das beliebteste Fest hierzulande.	☐	☐
4. Halloween fördert die Wirtschaft und schafft neue Arbeitsplätze.	☐	☐

Rechtschreibung

14 Auf die Plätze, fertig, los

Fremdwörter richtig schreiben

1. Im Folgenden sind die olympischen Sommersportarten aufgezählt. Löse das Rätsel, indem du die jeweils passende Sportart einträgst. In der Mitte ergibt sich ein Lösungswort.

Badminton • Reitsport • Bogenschießen • Baseball • Handball • Softball • Gewichtheben • Triathlon • Segelsport • Fußball • Hockey • (Moderner) Fünfkampf • Tischtennis • Leichtathletik • Schwimmen • Tennis • Fechtsport • Boxen • Kanurennsport • Basketball • Radsport • Volleyball • Rudersport • Ringen • Taekwondo • Wasserball • Sportschießen • Judo • Turnen

1. ein in Nordamerika zum Mannschaftssport entwickeltes „Schlagballspiel"
2. Spiel, bei dem zwei Mannschaften versuchen, einen kleinen Ball mit Stöcken ins gegnerische Tor zu schlagen
3. ein zu den Ballsportarten zählendes Federballspiel unter Wettkampfbedingungen
4. Sportart, bei der man sich durch Bewegungen im Wasser so schnell wie möglich fortbewegt
5. Spiel, bei dem zwei Mannschaften versuchen, einen Ball mit den Händen übers Netz zu spielen
6. ein sportlicher Dreikampf, bestehend aus Schwimmen, Radfahren und Laufen
7. Ballspiel zwischen zwei Mannschaften im Wasser
8. Sportart, bei der man mit Säbel, Florett oder Degen gegeneinander kämpft
9. Ballspiel, bei dem zwei oder vier Spieler auf einem Platz einen kleinen Ball mit Schlägern über ein Netz schlagen
10. eine koreanische Form der waffenlosen Selbstverteidigung mit bestimmten Schlag- und Stoßtechniken
11. Ballsportart für zwei Mannschaften, bei der der Ball in den gegnerischen Korb geworfen werden muss
12. Kampfsportart, bei der nach Wettkampfregeln mit den Fäusten gegeneinander gekämpft wird

Fremdwörter nach ihrer Wortart unterscheiden

1. In der Sprache des Sports gibt es viele Fremdwörter. Erkläre die unterstrichenen Fremdwörter in dem folgenden Text. Du kannst ein Wörterbuch benutzen. Arbeite im Heft.

Timo Boll ist ein Tischtennis-<u>Star</u>. Seit 2002 ist er der <u>prominenteste</u> Spieler in Europa. Er <u>dominiert</u> schon viele Jahre die europäische Bestenliste. Fünf Mal gewann er in seiner bisherigen <u>Karriere</u> die Europameisterschaft. Im Doppel wurde er <u>Vize</u>-Weltmeister. Mit dem deutschen <u>Team</u> gewann Boll olympisches Silber. Schon 2003 war er Weltranglisten-Erster und belegte von da an immer einen Platz unter den <u>Top</u> Sieben.

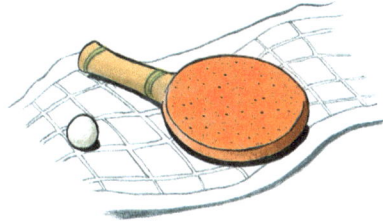

2. Welche der unterstrichenen Fremdwörter sind keine Substantive/Nomen? Markiere sie. Schreibe auf, zu welchen Wortarten sie gehören. Arbeite im Heft.

> Häufig erkennt man die Wortart, zu der ein **Fremdwort** gehört, an dem **Suffix** (der Nachsilbe).
> Merke dir:
> Endet das Wort auf:
> *-ieren* → Verb,
> *-ion* → Substantiv/Nomen.

3. Suche zu den folgenden Fremdwörtern die richtigen Erklärungen. Wähle aus den Vorgaben aus und unterstreiche. Schreibe das entsprechende Substantiv/Nomen hinzu. Ein Beispiel ist vorgegeben.

1. (konstruieren)   feststellen, <u>bauen</u>, befestigen   *die Konstruktion*

2. (konsultieren)   zu Rate ziehen, überlisten, bewerten   _____

3. (konkurrieren)   wetteifern, stehlen, wiederherstellen   _____

4. (konsumieren)   untersuchen, verbrauchen, zusammendrücken   _____

5. (konservieren)   haltbar machen, veranschaulichen, schwieriger machen   _____

6. (konfrontieren)   gegenüberstellen, erzwingen, flüchten   _____

4. Suche Verben zu folgenden Fremdwörtern und schreibe sie auf.

Multiplikation | Division | Addition | Subtraktion

Ausdruck und Wortschatz

14 Auf die Plätze, fertig, los …

Fremdwörter richtig verwenden

1. Lies das Interview mit Timo Boll in „Dein Spiegel". Ergänze die passenden Fremdwörter. Nutze die Vorgaben.

Vorgaben: trainiert, extrem, Pyjama, professionell, Karriere, chauffiert, Profi, Match

Timo, hast du früher vor Wut geheult, wenn du bei einem _____ verloren hast?
Timo Boll: Natürlich. Wer verliert schon gerne? Früher kam es öfter vor, dass ich nach einer
5 Niederlage heftig geweint oder meinen Schläger zertrümmert habe. Ich war schon als Kind _____ ehrgeizig.

Du hast aber den Ruf, etwas faul zu sein. Stimmt das?
Timo Boll: Was? Ich habe schon mit vier Jah-
10 ren _____, da konnte ich gerade so über die Platte gucken. Ich habe täglich mit meinem Vater gespielt – spätabends sogar im _____.

Welchen Einfluss hatten deine Eltern auf deine
15 *_____?*
Timo Boll: Mein Vater war nicht nur mein privater Trainingspartner, er hat mich auch täglich 120 Kilometer zum Training und wieder zurück _____. Ohne die Hilfe meiner
20 Eltern hätte ich es nie geschafft.

Das Gymnasium hast du abgebrochen. Bereust du, dass du nicht mehr gelernt hast?
Timo Boll: Mit 16 habe ich mich gefragt: Willst du die Schule fertig machen oder so gut Tisch-
25 tennis spielen, dass du _____ werden kannst? Ich denke, ich habe die richtige Entscheidung getroffen.

Die Chinesen sind im Tischtennis eine Weltmacht. Was machen sie besser als die Deutschen?
30 **Timo Boll:** Die Chinesen trainieren schon als kleine Kinder voll _____: zwei-, dreimal am Tag. In Deutschland geht das sehr viel später los.

2. Verbinde jedes Fremdwort mit der richtigen Erklärung. Ein Beispiel ist vorgegeben.

1. trainieren
2. optimieren
3. kommandieren
4. imitieren
5. konkurrieren

A nachahmen
B mit anderen im Wettbewerb stehen
C üben, um seine Leistungen zu verbessern
D einen bestmöglichen Zustand herbeiführen
E befehlen

(3. kommandieren — C üben, um seine Leistungen zu verbessern)

58

Für Textabschnitte Überschriften formulieren

1. Lies den Text über den Leistungssportler Whistler. Notiere zu jedem Abschnitt eine passende Überschrift.

Leistungssportler auf eisigen Pfoten

Sie ist Deutschlands erfolgreichste Hundeschlitten-Führerin: Silvia Furtwängler nahm an den härtesten Rennen der Welt teil – dabei verlässt sie sich immer auf ihren Leithund Whistler.

Es ist ein Nachmittag im Februar, die Temperaturen liegen bei minus 18 Grad, der Himmel strahlt in kräftigem Blau, 16 Huskys traben an einer langen Leine vor einen Schlitten gespannt
5 durch den Schnee. Es ist ganz still hier, mitten in der Wildnis des amerikanischen Bundesstaates Alaska. (…)

Ein Hund hängt sich besonders rein: Er läuft als Erster vorn weg. Der Hund heißt Whistler, er ist drei Hundejahre alt, das entspricht 21 Menschenjahren – genau das richtige Alter für
5 einen Leistungssportler. Whistler ist der Leithund in einem Hundeschlitten-Team. An den Pfoten trägt er „Booties", Schuhe für Hunde aus Fleece. Sie sehen aus wie Pantoffeln und sollen den Hund davor schützen, sich an den
10 Eiskanten zu schneiden.
 Auf den Kufen des Schlittens steht Silvia Furtwängler aus Deutschland. Sie ist Hundeführerin und bereitet sich gerade auf das härteste Rennen der Welt vor, das „Iditarod".
15 1600 Kilometer durch das verschneite Alaska. (…)

Doch beinahe wäre für den Leithund Whistler das wichtigste Rennen seines Lebens beendet gewesen, bevor es überhaupt angefangen hatte: Er ging kurz nach der Ankunft in Alaska verlo-
5 ren. Furtwängler und ihre Hundemeute waren mit dem Frachtflugzeug in der Hauptstadt von Alaska gelandet. Danach wurden die Hunde mitsamt ihren Boxen auf einen Geländewagen gepackt und zu ihrer Unterkunft gefahren.
10 Als sie ankamen, war eine Box leer. Ein Hund fehlte. „Whistler?!", schrie Furtwängler. Er hatte die Gitter mit den Zähnen herausgerissen und war während der Fahrt von der Ladefläche gesprungen. Fast eine Woche lang streunte
15 Whistler allein durch die Stadt. „Er war noch nie in einer Großstadt", sagt Furtwängler. Sie hatte große Angst, dass er überfahren werden könnte. Ein Fernsehsender strahlte also Whistler-Suchmeldungen aus, die Tageszeitung ver-
20 öffentlichte ein Foto auf ihrer Titelseite. Das half. Am Morgen des fünften Tages klingelte das Telefon. Eine Frau sagte: „Ich glaube, wir haben Ihren Hund gefunden." Sie hatte Whistler auf einem Parkplatz anhand der Zeitungs-
25 bilder erkannt – und ihn mit einem Schoko-Muffin in ihr Auto gelockt. (…)

Anhang

Konjugation der Verben

spielen **Wortart:** schwaches Verb

Singular

Zeitform	Präsens	Präteritum	Perfekt	Plusquamperfekt
1. Person	ich spiele	ich spielte	ich habe gespielt	ich hatte gespielt
2. Person	du spielst	du spieltest	du hast gespielt	du hattest gespielt
3. Person	er/sie spielt	er/sie spielte	er/sie hat gespielt	er/sie hatte gespielt

Plural

Zeitform	Präsens	Präteritum	Perfekt	Plusquamperfekt
1. Person	wir spielen	wir spielten	wir haben gespielt	wir hatten gespielt
2. Person	ihr spielt	ihr spieltet	ihr habt gespielt	ihr hattet gespielt
3. Person	sie spielen	sie spielten	sie haben gespielt	sie hatten gespielt

lesen **Wortart:** starkes Verb

Singular

Zeitform	Präsens	Präteritum	Perfekt	Plusquamperfekt
1. Person	ich lese	ich las	ich habe gelesen	ich hatte gelesen
2. Person	du liest	du last	du hast gelesen	du hattest gelesen
3. Person	er/sie liest	er/sie las	er/sie hat gelesen	er/sie hatte gelesen

Plural

Zeitform	Präsens	Präteritum	Perfekt	Plusquamperfekt
1. Person	wir lesen	wir lasen	wir haben gelesen	wir hatten gelesen
2. Person	ihr lest	ihr last	ihr habt gelesen	ihr hattet gelesen
3. Person	sie lesen	sie lasen	sie haben gelesen	sie hatten gelesen

Deklination der Substantive

Abenteuer, das **Wortart:** Substantiv, neutral

Kasus (Fall)	Singular	Plural
Nominativ (Wer-Fall)	das Abenteuer	die Abenteuer
Genitiv (Wessen-Fall)	des Abenteuers	der Abenteuer
Dativ (Wem-Fall)	dem Abenteuer	den Abenteuern
Akkusativ (Wen- oder Was-Fall)	das Abenteuer	die Abenteuer

Reise, die **Wortart:** Substantiv, feminin

Kasus (Fall)	Singular	Plural
Nominativ (Wer-Fall)	die Reise	die Reisen
Genitiv (Wessen-Fall)	der Reise	der Reisen
Dativ (Wem-Fall)	der Reise	den Reisen
Akkusativ (Wen- oder Was-Fall)	die Reise	die Reisen

Held, der **Wortart:** Substantiv, maskulin

Kasus (Fall)	Singular	Plural
Nominativ (Wer-Fall)	der Held	die Helden
Genitiv (Wessen-Fall)	des Helden	der Helden
Dativ (Wem-Fall)	dem Held	den Helden
Akkusativ (Wen- oder Was-Fall)	den Held	die Helden

Deklination der Personalpronomen

Singular

Kasus (Fall)	Nominativ	Genitiv	Dativ	Akkusativ
1. Person	ich	meiner	mir	mich
2. Person	du	deiner	dir	dich
3. Person	er/sie/es	seiner/ihrer/ seiner	ihm/ihr/ihm	ihn/sie/es

Plural

Kasus (Fall)	Nominativ	Genitiv	Dativ	Akkusativ
1. Person	wir	unser	uns	uns
2. Person	ihr	euer	euch	euch
3. Person	sie	ihrer	ihnen	sie
Höflichkeitsform	Sie	Ihrer	Ihnen	Sie

Fachbegriffe

Begriff	Erklärung	Beispiele	Seite
Ableitung, die	Wortbildung: Präfix + Stamm + Suffix	un + glück + lich, Bild + ung	41
Adjektiv, das	Eigenschaftswort	schön, mutig, hässlich	25
Adverbialbestimmung, die	Satzglied, nähere Umstände	Sie steht **dort schon lange**.	49
Akkusativ, der	4. Fall, Wen-Fall	den Vater, die Mutter, das Kind	45
Akkusativobjekt, das	Satzglied im 4. Fall	Sie nimmt **das Bild**.	49
Aufforderungssatz, der	Satzart mit finitem Verb an 1. Stelle, am Ende Ausrufezeichen oder Punkt	Komm doch mit ins Kino!	8
Aussagesatz, der	Satzart mit finitem Verb an 2. Stelle, am Ende Punkt	Ich gehe heute ins Kino.	8
Bestimmungswort, das	in zusammengesetzten Wörtern nähere Bestimmung des Grundwortes	**Segel**schiff, **Haus**tür	41

Fachbegriffe

Begriff	Erklärung	Beispiele	Seite
Dativ, der	3. Fall, Wem-Fall	dem Vater, der Mutter, dem Kind	45
Dativobjekt, das	Satzglied im 3. Fall	Er gibt **dem Freund** das Bild.	49
Fragesatz, der	Satzart mit Fragewort oder finitem Verb an 1. Stelle, am Ende Fragezeichen	Kommst du mit ins Kino? Wer kommt heute mit ins Kino?	8
Grundwort, das	in zusammengesetzten Wörtern an letzter Stelle, bestimmt die Wortart	Segel**schiff**, Haus**tür**, Klein**stadt**	41
Hauptsatz, der	finites Verb an 1. oder 2. Stelle, kann alleine stehen	Das Kind schreit laut. Weil es wütend ist, **schreit das Kind laut**.	53
Kasus, der	grammatischer Fall	Nominativ, Genitiv, Dativ, Akkusativ	45
Nebensatz, der	finites Verb an letzter Stelle, kann nicht alleine stehen	Weil es wütend ist, …	53
Nomen, das	Substantiv, Hauptwort	der Baum, das Glück	16
Nominalisierung, die	Wörter, die wie Nomen gebraucht werden	beim Springen, etwas Großes	36
Perfekt, das	Zeitform des Verbs, Vergangenheit, eher mündlich	ich bin gelaufen, es hat geregnet	5
Personalpronomen, das	persönliches Fürwort	ich, du, er, sie, es, wir, ihr, sie	33
Plusquamperfekt, das	Zeitform des Verbs, Vorvergangenheit	ich war gelaufen, es hatte geregnet	13
Präfix, das	Vorsilbe	**ver**sprechen, **Be**stellung	41
Präposition, die	Verhältniswort	auf, in, mit, für, neben, trotz	45
Präsens, das	Zeitform des Verbs, Gegenwart	ich laufe, er liest, es regnet	5
Präteritum, das	Zeitform des Verbs, Vergangenheit, eher schriftlich	ich lief, er las, es regnete	5
Satzgefüge, das	zusammengesetzter Satz aus HS und NS	Ich hörte Musik, als ich nach Hause kam.	53
Substantiv, das	Nomen, Hauptwort	Mut, Blume, Häuser	16
Suffix, das	Nachsilbe	Bestell**ung**, versprech**en**	41
Zusammensetzung, die	Wortbildung: Bestimmungswort + Grundwort	Haus + meister, dunkel + blau	41

Text- und Bildquellen

Textquellen:

S. 5: aus: Dein Spiegel, 5/2012, SPIEGEL-Verlag Hamburg, S. 17ff.; aus: Dein Spiegel, 6/2011, SPIEGEL-Verlag Hamburg, S. 28 f., Mein Leben nach der Flut; **S. 7:** aus: Dein Spiegel, 5/2012, SPIEGEL-Verlag Hamburg, S. 7; **S. 8:** aus: Manfred Mai: Mutmach-Geschichten, Maier Verlag, Ravensburg 1985; **S. 10:** aus: Lexikon Goethe-Zitate: Auslese für das 21. Jahrhundert aus Werk und Leben. Hrsg. V. Ernst Lautenbach. IUDICIUM Verlag, 2004, S. 567; **S. 16:** aus: Dein Spiegel 10/11, SPIEGEL-Verlag Hamburg, S. 45; **S. 17:** aus: Lobe, Mira: Das Sprachbastelbuch, Verlag Jugend und Volk, Wien, München 1975; **S. 19:** aus: Dein Spiegel 9/2009, SPIEGEL-Verlag Hamburg, S. 66; **S. 20:** aus: Dein Spiegel 12/11, SPIEGEL-Verlag Hamburg, S. 45; **S. 23:** aus: Dein Spiegel 12/11, SPIEGEL-Verlag Hamburg, S. 53; **S. 26:** aus: Kinder- und Hausmärchen, gesammelt durch die Brüder Grimm, Winkler Verlag, München 1990 (sprachlich vereinfacht); **S. 27:** aus: Tolstoi, Leo: Volkserzählungen, Übers. v. Hans Klassen, Bauer, Stuttgart 1985; **S. 28:** aus: Rainer Bohn, Ina Schreiter: Sprachspielereien für Deutschlernende, Verlag Enzyklopädie Leipzig, 1989, S. 106f.; **S. 29:** aus: Die Zauberin Frau Zappelzeh, Gereimtes und Ungereimtes für Kinder und Freunde mit Bildern von Hilde Leiter, Otto Müller Verlag, Salzburg 1991, S. 4; **S. 30:** aus: Rainer Bohn, Ina Schreiter: Sprachspielereien für Deutschlernende, Verlag Enzyklopädie Leipzig, 1989, S. 104f.; **S. 32:** Nach: Ein kurzweiliges Lesen vom Till Eulenspiegel und was er für seltsame Possen getrieben hat. Nacherzählt von Robert Münchgesang, Ensslin Verlag Reutlingen; **S. 35:** Till Eulenspiegel: Lesekorb, Geschichten für Kinder, Autor unbekannt, © 2013 LABBÉ GmbH, Bergheim, Nacherz. v. Martina Meier, http://www.labbe.de/lesekorb/druckversion.asp?drucken=1&themaid=97; **S. 39:** aus: Dein Spiegel 10/2011, SPIEGEL-Verlag Hamburg, S. 65; **S. 40:** aus: Rainer Bohn, Ina Schreiter: Sprachspielereien für Deutschlernende, Verlag Enzyklopädie Leipzig, 1989, S. 121; **S. 43:** aus: Das große Heinz-Erhardt-Buch, Fackelträger Verlag, Hannover, 1970; **S.44, 45, 46, 47:** aus: Bernd Flessner: Käpt'n Blaubär – Seemansgarn Geschichten zum Mitraten, Bd 4, Nelson Verlag, S. 82; **S. 48, 49:** aus: Claybourne, Anna: Die 100 unglaublichsten Dinge der Welt, München, ArsEd., 2011, S. 82, Übers. v. Petra Bachmann; **S. 51:** aus: Dein Spiegel 10/2011, SPIEGEL-Verlag Hamburg, S. 72 (gekürzt); **S. 55:** aus: Dein Spiegel 11/2011, SPIEGEL-Verlag Hamburg, S. 21; **S. 58:** aus: Dein Spiegel 7/2011, SPIEGEL-Verlag Hamburg, S. 70 (wenig geändert); **S. 59:** aus: Dein Spiegel 4/2012, SPIEGEL-Verlag Hamburg, S. 69 (gekürzt)

Bildquellen:

Cover.U1 links Picture-Alliance (dpa), Frankfurt; **U1 rechts** Fotolia.com (Christian Schwier), New York; **U4 links** iStockphoto (Maartje van Caspel), Calgary, Alberta; **U4 rechts** Picture Press (M. Watson/Ardea), Hamburg; **4.1** Thinkstock (Brand X Pictures), München; **4.2** Thinkstock (Hemera), München; **5.1** Getty Images, München; **5.2** Thinkstock (iStockphoto), München; **7.1** Getty Images (The Image Bank), München; **16.1** Thinkstock (iStockphoto), München; **20.1** C. Dressler Verlag GmbH, Hamburg; **23** ddp images GmbH (SIPA/NANA PRODUCTIONS), Hamburg; **44** Interfoto (NG Collection), München; **46** Cinetext GmbH, Frankfurt; **47** Cinetext GmbH, Frankfurt; **49** shutterstock (Pius Lee), New York, NY; **50** Kessler-Medien, Saarbrücken; **51** Getty Images (AFP/Luis Acosta), München; **59** Imago, Berlin

Sollte es in einem Einzelfall nicht gelungen sein, den korrekten Rechteinhaber ausfindig zu machen, so werden berechtigte Ansprüche selbstverständlich im Rahmen der üblichen Regelungen abgegolten.

Merksätze zum Einkleben

Wenn du einen leeren Merkkasten im Heft entdeckst, suche die passende Form heraus.
Lies den Merksatz. Passt er zur Seite mit dem fehlenden Merksatzwissen?
Ja? Dann klebe ihn ein.

Das **Präsens** verwendet man, wenn etwas gerade geschieht oder etwas immer gilt (*ich wohne…, ich heiße …*).

Mit dem **Perfekt** (*ich habe gewohnt …*) und dem **Präteritum** (*ich wohnte …*) informierst du über etwas Vergangenes.

ss oder ß?
Doppel-s steht nur nach kurz gesprochenem Vokal (*Fluss*). Nach lang gesprochenem Vokal sowie nach *ie*, *au/äu* und *ei/ai* schreibt man für einen scharfen s-Laut ß (*Fuß, draußen, heißen*).

Tests zum Erkennen von Substantiven/Nomen
1. Kannst du das Wort mit einem Artikel (*der, die, das, ein/eine*) kombinieren?
2. Endet das Wort auf *-ung, -heit, -keit, -nis, -schaft* oder *-tum*?
3. Lässt sich direkt vor das Wort ein Adjektiv setzen, welches sich dabei verändert (*mit zottigem Fell, flinke Akrobaten*)?

Auch so kannst du testen, ob ein **Wort großgeschrieben** wird:
– Steht vor dem Wort eine Präposition/ein Verhältniswort (*auf Biegen und Brechen, beim Lesen, zum Spielen*)?
– Lässt sich direkt vor das Wort ein Adjektiv setzen, welches sich dabei verändert (*schnelles Lesen*)?
– Stehen vor dem Wort Wörter wie *alles, wenig, nichts, etwas, viel*?

tz und **ck** stehen nur nach kurz gesprochenen Vokalen. Nach *l, n, r* sowie *au, äu, eu* und *ei, ai* – das merke ja – folgt nie *tz* und nie *ck*.

Ableiten:
Weißt du nicht, ob das Wort mit *e* oder *ä*, mit *eu* oder *äu* geschrieben wird, suche ein verwandtes Wort mit *a* oder mit *au*. Gibt es dieses, schreibe ä bzw. äu: *Nächte – Nacht, Bäume – Baum*.
Um zu überprüfen, ob ein Wort am Ende mit *p, t, k* oder *b, d, g* geschrieben wird, verlängere es: *Kind – Kinder*.

Du kannst viele Fehler vermeiden, wenn du beim Schreiben **Laut für Laut** und **Silbe für Silbe** laut oder leise **mitsprichst** und dabei jede Silbe betonst. Überprüfe deinen Text: Lies Laut für Laut, Silbe für Silbe und Wort für Wort.
Lies nur, was da steht.

Nach den Präpositionen *an, auf, hinter, in, neben, unter, über, vor, zwischen* steht: der **Dativ** auf die Frage *Wo?* der **Akkusativ** auf die Frage *Wohin?* Eselsbrücke: Mit, nach, von, zu, aus, seit, bei verlangen stets Fall Nummer drei. *Für, durch, ohne, gegen, wider* schreibe stets im vierten Falle nieder.

Präge dir folgende **Befehlsformen** ein, sie werden sehr oft fehlerhaft gebildet: *gib, hilf, iss, lies, sieh, sprich, wirf*.

Wörter mit den Vorsilben **ver-** und **vor-** werden mit *v* geschrieben (*versprechen, vorsprechen, Vorsorge, Verstand*).

Das **Plusquamperfekt** wird für die Vorvergangenheit verwendet, wenn etwas noch vor dem geschehen ist, was man im Präteritum ausdrückt: *Nachdem die Wächter das Heulen gehört hatten, rannten sie los.*

Der lange **i-Laut** wird in der Regel als *ie* wiedergegeben. Die Wörter, in denen der lange *i*-Laut durch *i* wiedergegeben wird, solltest du dir einprägen.

Stanzbogen zu deutsch.kompetent Sprachförderheft 5
ISBN 978-3-12-316101-8